开明教育书系

蔡达峰○主编

有领导的『茶馆』式教学

段力佩教育文选

段力佩○著

李元○选编

开明出版社

"开明教育书系"丛书编委会

"开明教育书系"
总　序

　　中国民主促进会（以下简称民进）是以从事教育、文化、出版工作的高、中级知识分子为主的参政党。民进创立以后，在中国共产党的指引和帮助下，积极投身爱国民主运动，在这个过程中，发挥自身优势，举办难民补习培训，创办中学招收群众，参加妇女教育活动，在解放区开展扫盲教育，培养青年教师。

　　新中国成立以后，民进以推进国家教育事业发展为己任，贯彻党的教育方针，倡导呼吁尊师重教。

　　一方面，坚持不懈地为教育发展建言献策。从马叙伦先生在任教育部长时向毛泽东主席反映学生健康问题，得到了毛主席关于"健康第一"的重要批示，到建议设立教师节、建立健全《教师法》《职业技术教育法》《民办教育促进法》等法律法规、深化教育改革、促进学前教育发展、义务教育均等化、加强教师队伍建设、中小学教材建设、减轻学生课业负担等等，提出了一系列高质量的意见建议。

　　另一方面，坚持不懈地开展教育服务。改革开放以来，围绕"四化"建设的需要，持续举办了大量讲座和培训，帮助群众学习，为民工子女、下岗职工、贫困家庭子女、军地两用人才、贫困地区教师等提供教育服务，创办了文化补习学校、业余职业大学、专科学校、业余中学等大批学校，出现了当时全国第一所民办高中、规模最大的民办高校、成人教育学院、民办幼儿教育集团等；不断开展"尊师重教"的慰问、宣传和捐赠等活动，拍摄了电视片《托着太阳升起的人》；举办了一系列教育服务的研讨会和交流会。

在为教育事业长期服务的过程中，民进集聚了越来越多的教育界会员，现有的近 19 万会员中，约 60% 来自教育界，其中大部分是中小学教师。广大会员怀着崇高的使命感和责任感，爱岗敬业、默默奉献、积极作为，在教育事业和党派工作中取得了卓越的成就，涌现出无数感人的事迹，赢得了无数的赞誉，涌现出大量优秀教师、校长和著名教育家、专家学者、教育管理者等，他们共同写就了民进的光荣历史，铸就了民进的宝贵财富，是民进的自豪和骄傲。

系统地收集和整理民进会员的教育论著和教育贡献，是民进会史研究和教育的重要任务，对于民进发扬优良传统、加强自身建设、激励履职尽责具有积极的意义，对于我们深入学习多党合作历史、深入开展我国现当代教育历史研究，也具有重要的理论和现实意义。民进中央对此高度重视，组织编辑"开明教育书系"，朱永新副主席和民进中央研究室的同志们辛勤工作，邀请会内外专家学者共同参与，历时数年完成了编写工作。谨此，向各位作者和编辑同志，向开明出版社，向所有关心和支持本书编撰工作的同志，表示诚挚的感谢。

全国人大常委会副委员长

民进中央主席　　蔡达峰

2022 年 12 月

有领导的"茶馆"式教学

李 元

教育家小传

段力佩（1907—2003），中国教育家。原名立培。1907 年生于江苏金坛。1929 年毕业于江苏省立第一师范。中共党员、民进会员。曾任全国政协委员、上海市政协常委、民进中央常委、民进上海市委员会副主任、上海市教育工会副主席、中国教育学会常务理事和上海教育学会副会长等职。

1929 年，段力佩于江苏省立第一师范毕业后任小学教员。1935 年赴上海，先后在上海东明小学、华光中学和净业孤儿教养院工作。1941 年加入中国共产党。后在麦伦中学和储能中学任教，积极支持学生参加民主运动，1946 年被民主推举为储能中学校长。1949 年 5 月任缉槼中学校长。1950 年 3 月至 1984 年 10 月任上海市育才中学校长。20 世纪 50 年代曾先后任上海新成区副区长、区政协副主席和静安区副区长、区政协副主席，后因属意于教育改革而辞任。1965 年被评为上海市中学超级校长，1978年被评为特级教师。1984年10月12日被上海市教卫办与市教育局任命为上海市育才中学名誉校长，迄至1996年1月。

段力佩锐意革新，不断进行教改，曾领导上海市育才中学三次教育改革，分别是20世纪60年代改进"教"、70年代末80年代初关注"学"和80年代末90年代初聚焦"育"的改革，先后总结出"紧扣教材、边讲边练、新旧联系、因材施教"十六字经验，"读读、议议、练练、讲讲"八字教学法和"自治自理、自学自创、自觉体锻"的"三自"教育思想。

"十六字经验"被《人民日报》《解放日报》《文汇报》和《光明日报》在头版头条的显著位置报道，在全国掀起了学习育才教改经验的热潮。"八字教学法"再次在教育界引起强烈反响，使育才中学成为"中学教育教学改革的一面旗帜"。"三自"教育思想，引领育才中学实现了教改的第三次飞跃。他的教改思想一直指导、影响着育才中学乃至基础教育界的改革和发展，在中国中小学教育界和教育理论界产生重要影响。2019年段力佩入选"改革开放40年'教育人物40名'"。

段力佩毕生追求"把学校办成社会主义的新型学校"，"摸索一套适合我们自己实情的教育法"，为人民教育事业做出了杰出贡献，是一位在实践中成长的教育家和教育改革家，是无数探索中国特色中学教育乃至中国特色社会主义教育理论和实践模式的知识分子的优秀代表。著有《段力佩教育文集》。

2006年，时任国务院总理温家宝在政府工作报告中吐露了对造就一批教育家的殷殷期待，基础教育界随即制定了教育家培养计划，这些动向促使我开始关注和思考教育家的问题。谁是教育家？谁是真正的教育家？谁是身边的教育家？回望在上海市育才中学二十余年的工作经历，我发现自己离教育家并不遥远——身处育才，校长段力佩留下的印记，一如那绕梁的余音。这位引领育才成为全国教改标杆的校长，对全国的基础教育产生过重大的影响。教育家之所以成其"家"，绝不会仅囿于一所学校，其影响必然能昭示出超越一时一地的意义。透过段力佩的教育人生，或可观照上海乃至中国教育改革和发展的历史纵深和问题面向。

一、受教与从教

段力佩，原名立培，1907 年出生于江苏金坛。他的教育情缘近与父亲段忻吾有一定联系，段忻吾"毁家兴学"，终生从事小学教育；远可追溯到六世祖——清代著名经学家、文字音韵训诂学家段玉裁，段玉裁"不耕砚田无乐事，不撑铁骨莫支贫"，奠定了段家不计名利、严以治学治教的传统。

（一）初生牛犊

段力佩五岁时入金坛县启明幼稚班，八岁考进金坛启明小学求学四年。毕业后，在国立东南大学附属中学（今南京师范大学附属中学）学习期间，他沉浸在自己的兴趣里，严重偏科，不得不按学校规定退学。1925 年，段力佩好不容易考入省立第五中学（今江苏省常州高级中学），又因带头发起"倒校长"的学潮，再次被迫退学。

次年，段力佩考入江苏省立第一师范学校（今江苏省苏州中学）。时任校长王朝阳大力倡导学生自治，认为这既可以练习社会服务，又能涵养民主思想。因此，学校的学生自治会组织十分活跃，一些进步学生成为自治会领袖。[①] 学校还出台了"自治约章"，成立了各种自治委员

---

① 中国人民政治协商会议江苏省常熟市委员会文史资料委员会编：《常熟文史资料辑存第十七辑》，1990 年，第 36 页。

会、俱乐部。在这种学生自治的氛围中，段力佩如鱼得水，学得积极主动，成了学习上的佼佼者。学习之余，段力佩与一位汪姓同学共同翻译了《效率教育》一书，荣获学校颁发的特等奖状。课余，他还应聘去做家庭教师，教授国文、算数等科目。这段经历也成了他教育生涯的开端。

1929 年上半年，即将毕业的段力佩到第一师范附属实验小学实习。初出茅庐，他自恃成绩优秀，又是学过教育学和心理学的师范生，料想应付小学生自然绰绰有余。不料，语文课时，学生们接连向他提问，学生提一个，他就答一个，最后竟招架不住。体操课上，操后列队休息时，他把学生安排在太阳下，自己却本能地站到树荫里，受到带教老师的批评。实习的糗事让段力佩意识到"仅仅有书本知识是不够的，还要在实践中学习提高"①。

师范毕业，段力佩回到家乡，在金坛县书院小学教书。他不愿意把时间浪费在毫无效果的作业批改上，却因此被学校当成"拆烂污"（即混日子）教师。不过，段力佩能和学生打成一片，上课气氛好；又有才艺傍身，常常活跃在课外活动中。镇江政府组织一年一度的演讲比赛，他撰稿兼指导，总能把第一、第二名收入囊中；学校组织文艺表演、戏剧活动，他又化身编剧和导演，每每出彩。

和其他教师一样，段力佩当时的月薪仅为 23 元。微薄的薪水，维持生计已是捉襟见肘，却又常被拖欠，有时一拖就是几个月，苦得教师无米下锅。性格耿直、爱打抱不平的段力佩按捺不住，在金坛教育界发起的索薪运动中打了头阵，当面戳穿了时任金坛县长祁仑捷的安抚手段，索薪运动最终取得了胜利。此时，一辈子安分守己、教书育人的父亲闻讯后惶恐非常，匆匆赶到县城把他接回了家。出人意料的是，祁仑

---

① 姚庄行、袁采主编：《在教育史册上——上海当代普教名人传略（第一集）》，上海：上海教育出版社 1992 年版，第 63 页。

捷非但没有惩罚段力佩，反倒请金坛县中的韩大受校长和书院小学的杨尔康校长登门，请他到自己家里当家庭教师。开出的薪酬是每月 40 元，这对于段力佩来说已是相当丰厚了。父亲怕得罪县长，替他答应了这桩差事。但他心里很清楚，县长一反常态、"礼贤下士"的做法实际上是以怀柔之法拉拢、软化索薪运动的积极分子。生性叛逆的段力佩去了几次，最终还是下定决心离开金坛，南下上海。

（二）播散火种

1935 年甫至上海，段力佩在市立东明小学任教。校长陈绍型多次动员他加入国民党，被段力佩一再借故拖延。其实，在师范求学期间，他便目睹父亲办学的校舍被国民党军队强占为县党部，深感"要救中国，非打倒蒋介石不可"。当时，受地理教员胡哲敷的影响，段力佩加入了国家主义青年党，提出了"内除国贼，外抗强权""打倒蒋介石"等口号，发展成员、发表演说，甚至敢把传单塞到国民党警察手里。

东明小学的薪水太低，段力佩不得不外出兼课，又引得校长不满，不得已结束了上海的第一段教书生涯。1937 年"八一三"事件爆发，日本全面侵华进一步升级，段力佩携家带眷到乡下避难，一边兴办私塾，一边宣传抗日。迫于日寇傀儡组织逼其出任伪职的威胁，段力佩再次来到上海，并与中共地下党员江闻道过从甚密。江闻道发现段力佩为人正直、爱国爱民，有意介绍他加入共产党。实际上，早在金坛带头索薪时，段力佩就萌发了加入共产党的念头。应共产党员许实的邀请，段力佩当时负责主编《金坛日报》一个版面，后来还把第四版接过来创办了副刊《足音》。可惜仅出版十期，这一颇有声势的进步舆论阵地便遭国民党当局的忌惮，被勒令停办。不过，此番经历却如空谷足音一般，和此时江闻道的提议形成了跨越时空的心灵共振。不过，段力佩仍有疑虑——作为国家主义青年党党员，再加入共产党，这违背了他"一生不事二党"的初衷。对此，江闻道一番措辞激烈的话语让段力佩茅塞顿开："你还守什么节操？你难道是封建时代的烈女？而且这根本不是什么节操问题，而是觉悟问题。" 1941 年二三月间，段力佩接受中共地下党组织的安排，到赵朴初主持的佛教净业孤儿教养院工作，和一群流浪儿童同吃、同住、同劳动、同游戏，为新四军和党的地下工作输送后备力量。10 月，正当日寇全面向边区大扫荡，日伪统治最疯狂最肆虐之时，与党结识多年的段力佩，在上海地下党教育战线负责人程志亮的介绍下，正式加入了中国共产党，"决心为中国人民的解放事业，为党的教育事业，鞠躬尽瘁，死而后已"。[①]

1943 年，段力佩到储能中学任训育部主任兼语文、历史教师，三年后便被民主推举为校长。在这座沪上的"红色堡垒"中，段力佩团结吸纳优秀教师、尝试革新教育教学、暗中保护进步学生，努力以办学者的姿态，举起"以教学为中心，一切党团退出学校"的旗帜，顶住国民党当局的打压，维持办学。

当时，在储能中学执教的教师，有著名报人冯宾符、作家和出版家楼适夷、著名思想家王元化、散文家碧野等，还有教育家陶行知、叶圣陶等。在教学上，段力佩反对照本宣科、死记硬背，提倡自由辩论；教师们也因此敢于冲破当局规定教材的束缚，选编教材、改进教学。

段力佩思想开明，在大、中学校的学生中颇有影响。储能中学的学生还成立了"地下学联"，积极参加"反饥饿、反内战、反迫害"爱国民主运动，但也由此招致当局的频繁巡查和重重打压。1948 年 1 月，香港九龙殖民当局拆房流血事件引发各界震动。面对当局派来防止学生闹事的警察，段力佩假意在底层校长宿舍热情款待，实际是为楼上正在做游行准备的学生打掩护。当警察要求上楼打电话时，段力佩故意大声

---

① 姚庄行、袁采主编：《在教育史册上——上海当代普教名人传略（第一集）》，上海：上海教育出版社 1992 年版，第 67 页。

喊："上面电话空吗？警察先生要打电话！"学生们马上会意并转移，最后警察做出"今天储能很太平"的判断而欣然离开。不幸的是，进步学生陶大铮在当天下午的游行中被国民党当局逮捕，教育局长的当面质问和停办威胁也接踵而至，但这些没有吓倒段力佩，他大义凛然地质问警察："你们凭什么逮捕我的学生？""游行有什么罪？反对内战有什么罪？爱国又有什么罪？"义正词严的责问让警察哑口无言、悻悻而去。

10月，得知国民党当局要抓捕段力佩的消息，组织上通知他转移到北方解放区。由于交通堵塞，段力佩只能就近隐蔽到上海大场少年村，一边开展课堂教学与工厂劳动相结合的教学活动，一边迎接上海的解放。

二、"十六字经验"

1949年5月，上海解放后，段力佩出任缉椝中学（后改为市东中学）校长，与日后成为一生挚友的吕型伟一道开展接管工作。学校秩序稳定后，次年3月，段力佩又被调任上海市育才中学校长。创办于1901年的育才中学，历史底蕴深厚，历届校长皆为社会名流，教师的学历层次较高，接管工作的难度颇大。

（一）重建与坚守

在储能中学积累了丰富经验的段力佩，甫一上任，见到的这所沪上名校却是"一片混乱景象"——"宛若夜公园"的学校操场，"一盘散沙"的教师，"乱糟糟"的课堂秩序。但他很快在纷乱的头绪中抓住了问题的关键——"怎样把这支（教师）队伍改造成一支建设社会主义学校的队伍？"于是，一如在储能中学，他举家搬进了学校一间由盥洗室改建的十二平方米的小屋。为了与教师交心，不让教师感到校长"是在一本正经地做他的工作"，一门一户登门拜访成了段力佩的工作日常。发现教师宿舍窗户朝北，寒风袭人，他立即请校工在走廊上加装窗户；发现教师子女生病，工友生活困难，他果断考虑补助救济；发现一位女教师迟迟没有成家，与双目失明的老母亲一起生活，他就在调整工资时亲自向群众说明情况，提高她的工资收入；发现教师子女无人看护，他又请夫人陈凤苞做"义务保育员"，消除教师的后顾之忧。凡此种种，让他的校长头衔多了一份属于亲人和朋友的温度——教职工生病，家属在找医生之前总是先找他，还总是由他陪着就诊；有时为免家属忧心，病倒的教职工瞒着家人来找他商量方案，甚至动手术还请他代家属签字。

与这些暖心故事一同发生着的，是段力佩实施民主管理、建立各项制度的种种努力，是段力佩学习凯洛夫《教育学》、统整教学法的诸多尝试。当时，育才中学的教师来源广泛、教学法各异，可谓"一个师傅一套拳路"。对此，他重点引入了凯洛夫关于课堂教学的"五个环节"和苏联学校普遍采用的"五级计分法"。教学和评价有了依循，一支具有教学理论素养和丰富教学经验的教学骨干队伍逐渐形成了，教学质量也得以提升。随着全面学习苏联经验的深入，段力佩又清醒地认识到，苏联教育经验"并不完全适应我国中学教育的实情，容易造成过于烦琐、师生负担过重等问题"[1]。摸索一套适应我国国情的教育学，这一想法开始在段力佩心中扎根。

然而，1958 年起，教育为"大跃进"运动所裹挟，"教育大革命"把新中国成立以来的"运动式"管理思维推向了一个高峰，育才中学也难以幸免。看着操场上竖起的小高炉，段力佩怒火中烧："这样搞，育才准得完蛋！"[2] 接手育才以来，他一直在反思政治运动频仍、学校

---

① 陈圣来著：《生命的诱惑》，上海：上海人民出版社 1991 年版，第 189 页。
② 陈圣来著：《生命的诱惑》，上海：上海人民出版社 1991 年版，第 189—190页。

工作头绪纷繁对教育教学的冲击，而此时又当如何在这股狂潮中守住这片教书育人的净土，工厂附属工场吸引了段力佩的目光。这些工场，设在学校，旨在落实教育与生产劳动相结合、半工半读、勤工俭学的要求，包括电工、化工、翻砂等，拥有学校实验室没有且师生难以买到的各种工具设备和原材料。更令他欣喜的是，个别学生在这些工场勤工俭学时表现出了极大的创造性。于是，段力佩提出，学生不仅要"劳动"，而且要"创造性劳动"，动员师生提出项目设想，开展有意义的科技活动。育才中学的教育"大跃进"，被段力佩智慧地转化为"创造性劳动""创造性科技教育"，一定程度上降低了对教育教学的破坏。

（二）"紧扣教材，边讲边练，新旧联系，因材施教"

"大跃进"随着中央政策的调整而退潮，学校教育的中心重新转移到教学上来了。到 1960 年，恢复以教学为中心的育才中学，在段力佩的带领下，逐渐形成了刻苦钻研、认真读书的风气。这种形势下，师生案头那成叠成撂的同样沉重的作业却令他心情沉重。经过大量的调查研究，他发现，教师在课堂上或满堂灌输或脱离教材，是课业负担沉重的根源，改革教学法迫在眉睫。这一年，段力佩提出了教改的总要求，"面向中间带两头，因材施教"，并指导新教师王守藩做了初步尝试，即学生先在自学教材的基础上做练习，教师再根据练习情况作针对性讲解，并根据学生情况提出个性化的要求。教改的第一步，颇有成效。

在与教师座谈时，为了消除他们对改革的顾虑，他还当场做了试验：先请一位学生在自行阅读新课文《老山界》后向语文教师讲解，结果仅五六处略有模糊，其余都讲得不错；随后又请一位数学教师给两位学生布置三道没学过的练习题，结果一位学生错一题，另一位三题全对。经此，教师们开始重新审视学生的自学能力和学习潜能，并由此意识到上课不必面面俱到，应当有重点、有针对性地解决疑惑，"力气用在刀刃上"。观念障碍一经扫除，段力佩便与试点班级的教师共同商讨教学策略。经过一段时间的实施，试点班级的测验表现优于非试点班，而课业负担却大幅减轻，为学生休息和德体美全面发展争取了时间。

为了全身心投入教改，段力佩执意辞去静安区副区长、区政协副主席等职务，深入一线，通过"跟班听课、兼课讲习、蹲点实验、研讨总结"等多种方法，最终带领育才教师把实践智慧凝结成了十六个字，即"紧扣教材，边讲边练，新旧联系，因材施教"（"十六字经验"）。在中宣部、教育部的充分肯定下，《人民日报》《光明日报》《解放日报》《文汇报》《人民教育》等媒体广泛宣传，"十六字经验"产生了全国性的影响。

"十六字经验"的内涵明确而丰富，其中"紧扣教材"要求教师既要按照规定知识开展教学，又要在反复研究教材的基础上，贯彻"少而精"的原则，根据学生实际有针对性地、正确清楚、详略得当地组织教学，并在讲课中指导学生认真阅读教材。"边讲边练"的做法是，讲课时有讲有练，根据教材、年级、学科开展不同形式的讲解和练习；要求采用启发式授课，反对"注入式"；学生居于主体地位，教师发挥主导作用。"新旧联系"要求教师从学生既有的知识基础、理解能力和接受水平出发组织教学，注意新旧联系，以旧带新。"因材施教"则是要求对不同知识基础和能力水平的学生采取具体而微的措施，使大多数学生都有所提高，达到应有水平。

正当教改如火如荼之时，又一股狂潮席卷而来——"文革"期间，"育才经验"和段力佩都卷入了动乱的旋涡，夫人陈凤苞又在惊吓和冤屈中辞世。被关在牛棚的段力佩悲愤地写道："我思考了很久，想了许多事情，还是不能承认我过去搞的是修正主义教育，不能承认育才的经验是黑经验。育才的教改是红的，不是黑的，只要走出牛棚，我还是要照着做，好好为国家培养人才。"① 从此，段力佩每天冲冷水澡、跑步，阅读英文版《毛泽东选集》，把自己蹲的"牛棚"打扫得干干净净——他选择坚强地活着，把悲痛化作独立思考的动力，把仇恨转化为锐意改革的决心。

三、有领导的"茶馆"式教学法

1976 年"四人帮"垮台之初，思想文化界依然乍暖还寒，年近古稀的段力佩不顾家人朋友的劝阻，毅然迎着"常识回归"的曙光四处演讲、大声疾呼："什么管卡压、师道尊严，统统都是束缚教师的锁链!""学校应该有合理的规章制度。"②

（一）"读读、议议、练练、讲讲"

翌年，段力佩终于回到了他魂牵梦萦的"育才"。然而，十年内乱后的学校，却让他痛心疾首——学生成了只识自己姓名的"文盲"，教材成了支离破碎的"废纸"。十余年前总结的"十六字经验"，特别是居首的"紧扣教材"，让他深知"读"的基础价值，而此时识字显然更是问题的突破口。他要求各年级各学科合力培养阅读习惯，解决识字问题以读通课文，解决阅读问题以达成初步领会。半年后，学生的阅读能力有了较大提高。

这"托底"的一步，让段力佩有了底气。他留意到，阅读能力较好的班级中，学生们常常交头接耳讨论学习问题，这对学习理解颇有裨

---

① 姚庄行、袁采主编：《在教育史册上——上海当代普教名人传略（第一集）》，上海：上海教育出版社 1992 年版，第 53—54 页。

② 姚庄行、袁采主编：《在教育史册上——上海当代普教名人传略（第一集）》，上海：上海教育出版社 1992 年版，第 79 页。

益。因势利导之下，以"读读"为基础，又生发出"议议"，即在实验班内将学生按强弱基础搭配编成四人读议小组，交流学习。一年后，与非实验班相比，实验班表现出了阅读能力、问题解决能力的优势，还释放出了教学过程中因材施教、教学相长的空间和能量。数学课堂上，学生们讨论出了一道题的二十多种解法，远远超出了教师的备课预期。随着试验的深入，参与教改的教师提出，在学生的"读""议"之外，还需要"练"，即通过课堂练习，加深对"读""议"内容的理解和巩固；而学生"读""议""练"中遇到的困惑和疑难，又须辅之以教师的"讲"。由此逐渐凝练出的"读读、议议、练练、讲讲"即"八字教学法"，使段力佩更深刻地认识到了变"授"为"学"的重要性："教育的侧重点摆在'育'字上，教学的侧重点摆在'学'字上。"①

全面铺开教学法改革的进程也并非一帆风顺，大多数教师在理解上存在误区，甚至偶有抵触。有的教师移用苏联"五步教学法"的经验，把"八字教学法"视为一套上课程序。对此，段力佩反复强调，"八字教学法"并不是教学环节的一一拆解，更不是一成不变的模式，而是一种用以启发学生主动性的方法。有的教师认为，老师只要做到"少讲"即可；段力佩也努力纠偏，把教师讲解的作用归结为"引导、解惑、总结"三个层面。

为了统一认识，语文、数学、物理、化学四门学科举行了一百多节公开教学研究课。同时，为了更好地调动学生"议议"的积极性，段力佩提出在总结实践经验的基础上，各教研组以学科特点为依据，适当处理教材，使教学真正由"议深练透"代替传统的"讲深讲透"。"八字教学法"的实践探索朝着契合学科特征的方向持续推进。

---

① 段力佩著：《段力佩教育文集》（增订本），上海：上海教育出版社 1989 年版，第 6 页。

（二）"教育教学改革的旗帜"

经过两年半的推广和实践，育才中学教师的认识基本统一，改革成效也日益凸显。然而，社会上仍有不少疑惑，特别是"读""议"过程中容易出现"乱、散、不集中"等现象。段力佩指出，"八字教学法"是要"有领导地、集体主义地让学生自己教自己"，"散是表面现象，而思想却较为集中"。① 相对地，传统课堂中，以教师满堂灌、学生端正听为表征的"不散"，却并不能保证思想的集中。"茶客们在茶馆里的思想是最活跃的"，移之于教学，段力佩认为，以教科书为依据、以教师为引导、以学生为主体的"八字教学法"恰恰就是在"七嘴八舌"中让学生学得主动、学得活泼、学得有效，因此又将其命名为"有领导的'茶馆'式教学法"。

与教学法改革同步进行的，是围绕学制、课程、教材和考试等方面的全方位综合性改革。学校教育的方方面面都亟待从毁坏中再次重建，对段力佩而言，挑战自不待言，机遇也暗藏在办学的自主和灵活之中。育才中学是上海最早恢复"三三学制"的两所中学之一，这得益于对育人目标和实践经验的清醒认识。在育才中学，一周的体育课变成了六节，"男拳女舞"作为体育特色课程，不受场地限制，学生体育锻炼的积极性被极大地激发了。没有过多的基础必修课程，而个性化的、培养特长的选修课程则是门类繁多。原本统一的 45 分钟课时也变得十分灵活，50 分钟的大课安排逻辑思维强度较高的学科，30 分钟的小课留给形象思维强度要求较高的学科，大小课交替进行，相互调节。传统四大名著和《儒林外史》《老残游记》等，有选择地入编语文教材；每学期补充 10 到 12 篇现代白话散文，叙述、议论等不同文体混合选读。在这

---

① 段力佩著：《段力佩教育文集》（增订本），上海：上海教育出版社 1989 年版，第 74 页。

里，测验和考试也被取消了，代之以"寓测验于练习之中""开卷总结""相互批改作业"等灵活多样的形式，明确考核的目的在于促进知识的消化和能力的培养；成长报告单、等第制分别取代了传统的成绩报告单、百分制，以反映学生的能力和发展。

段力佩领导的改革，力度很大，在高考恢复、片面追求升学率的大背景下，常被打上"离经叛道""标新立异""理想主义"的标签。面对批评甚至质问，他召开教职工代表大会和家长座谈会，发表专题文章，一次次发出这样的叩问："把我们活泼可爱的青少年，整天封闭在课堂里，淹没在题海中，对吗？我们还要不要培养朝气蓬勃的、健康的、富有创造精神的下一代?"①

在探索、质疑、阐发中前行的育才教改，用学校面貌、师生风貌给出了最有力的回应，育才经验也再度引发了全国性的关注。纷至沓来的学习交流者，一年 230 节公开课，上百篇主流媒体的宣传报道，足迹遍布全国五十多个城市的段力佩再次让这所沪上名校成了教育教学改革的"明星"。育才中学手握这份"可供参考的答案"②，为中学教育教学"树立了一面旗帜"③。

四、"三自"教育思想

1984 年秋，77 岁的段力佩从一线退了下来，成了育才中学的名誉校长，但他心头的那团"教育改革的青春火焰"却依然在熊熊燃烧，

① 姚庄行、袁采主编：《在教育史册上——上海当代普教名人传略（第一集)》，上海：上海教育出版社 1992 年版，第 81—82 页。

② 石俊升、王宝娣：《一份可供参考的答案——育才中学是怎样提高教学质量、减轻学生负担的》，《文汇报》1981 年 12 月 23 日。

③ 陈青云、蒋纯焦主编：《育才之道——上海市育才中学校史》，上海：华东师范大学出版社 2012 年版，第 255 页。

他不仅持续地为育才改革的深化注入真知灼见，更是以讲学的形式把火种带往全国各地，为教育教学改革鼓与呼。

育才中学手中的这份教改答卷，可供他者参考，却从未被自视为标准答案。20世纪80年代，段力佩从培养"自学能力"出发进行思考，最终明确提出把"自治自理、自学自创、自觉体锻"作为育才中学的育人目标。同时，段力佩从身体力行的一线工作走到了育才中学甚至整个中国教育的身后，用如椽之笔延伸着教育之思，延长着教育生命。

培养"自学能力"，可追溯到"八字教学法"中的"读读"。段力佩以为，学生应当打破依赖教师讲解的习惯，通过在课堂中阅读教科书来主动提高阅读、思维、解题、表达和实验等方面的自学能力。锻炼自学能力的过程，伴随着新的惊喜。1980年末，一封来自桥梁专家茅以升的复函在育才中学的校园内外轰动一时。早在这年秋天，学生们在读议茅以升的《中国石拱桥》一文时，认为课文所介绍的"每个石拱长度不一"，有悖于左右石拱——对称的常识，于是去信求教。茅以升在复函中详细回应了这一困惑，并盛赞师生们的细读功夫和质疑精神。这样的惊喜昭示出无与伦比的创造性潜能，也在持续地触动段力佩敏感的神经。成了名誉校长，他有了更多的时间去回味这些触动，落于笔下，便是把"自创"与"自学"频频并提，使两者成了一组不可分割的高频词。

如果说"读读"一开始主要以学生个体为基础，那么"八字教学法"中"议议"的强势加入，则体现出更强的主体间性，形成了一种由自发而不自觉的人际交往发展到有组织的自觉的结构化形式，即"读议小组"。小组成员在学习上分工合作、互帮互助、交流分享，组长和组员之间既讲民主又有集中，学业和生活都编织进了一个自我管理和自我教育的组织网络，体锻小组、生活小组也便应运而生。1980年初，段力佩在育才中学开展班级的自治自理试点，"自治自理"逐渐成为一种办学的自觉。

段力佩对体育锻炼的重视是一以贯之的。早在 20 世纪 60 年代就能保证学生每天锻炼一小时的育才中学，到 20 世纪 80 年代，更是在上海首创了每天都有一节体育课。作为名誉校长的段力佩已从学校的具体事务中抽身，他对体育的思考在更宏观的层面展开——不仅撰文阐发体育在德智体三者之中的地位，提出"健康第一"的观点，而且更进一步明确要把学生培养成"经常持久地自觉进行体育锻炼的人"①。

到 20 世纪 80 年代后期，段力佩对育人目标的认识和表述已臻完备："应当培养学生自治自理的能力，自学自创的能力，自觉体锻的习惯。"② 到 1991 年育才中学成为上海市课程教材改革的二十五家试点单位之一时，段老在育人目标上的长久积淀，化为育才中学在育人目标上的明确而自觉的表达——"自治自理、自学自创、自觉体锻"。

1992 年，重新审视"三自"这一育人目标，段力佩提出了一个重要的指导原则，即"三自教育，双向提高，目标一体化"，把"三自"视为相互联系、相应相承、相互促进的整体，并把"自治自理"作为"自学自创"和"自觉体锻"的前提和基础。具备自我管理、自我约束能力的学生，学习创造和体育锻炼才能更加自觉、自主。

"三自"育人目标，标志着段力佩教育思想的成型。作为一个整体，"三自"教育思想本质在于"育人"，体现了"德智体"全面发展的素质教育思想，进一步理顺了教与学、共性与个性、主体与主导的辩证关系。

1996 年初正式办理离休手续后，这位年近鲐背的老校长，依然坚持从他新闸路的住所出发，步行到位于山海关路四百四十五号的育才中

---

① 段力佩：《我的事业从这里开始》，《苏州报》1983 年 9 月 25 日。
② 段力佩著：《段力佩教育文集》（增订本），上海：上海教育出版社 1989 年版，第 188 页。

学，用脚步去丈量，用思想去召唤，用"老骥伏枥，志在千里"的热情去诠释他对教育的无限热爱。他始终坚信，年龄并非"革新与保守的界限"①。

五、从"教"到"学"再到"育"

从出任育才中学校长起，段力佩就决心"把学校办成社会主义的新型学校"，"摸索一套适合我们自己实情的教育法"②。20世纪60年代，他致力于改进教法，形成了"十六字经验"，突出了对"教"的改进。70年代末80年代初，他带领教师从指导学生"读读"开始改革课堂教学，摸索出"八字教学法"，强调的是对"学"的关注。80年代末90年代初，从时代要求和学生实际出发，他又在前两次教改的基础上提出"自治自理、自学自创、自觉体锻"的"三自"教育思想，把着眼点放在"育"上，关注人的自主、全面和个性发展。

从"教"到"学"再到"育"的发展脉络，展现出一条由关注教学到关注教育的思路，一条由关注"他者"到关注学生"自体"的思路③，反映了段力佩对教育根本问题即"为谁育才""育什么才""如何育才"的逐步进阶的反思和认识。从外部到内部、从部分到整体、从不完善到完善，段力佩的教育探索完成了其具有人本主义特点的、中国特色社会主义中学教育思想的构建。这一构建，源于对教育性质、教育目的和教育对象等教育根本问题的深入思考，也是其"因地、因时、因事制宜，因势利导，因材施教"办学思想的生动体现。

---

① 姚庄行、袁采主编：《在教育史册上——上海当代普教名人传略（第一集）》，上海：上海教育出版社1992年版，第82—83页。

② 陈圣来著：《生命的诱惑》，上海：上海人民出版社1991年版，第189页。

③ 陈青云著：《段力佩与育才中学》，上海：上海教育出版社2013年版，第2页。

段力佩的教育实践和教育思想，体现了他对时代和教育的深刻洞察，也展现出了极强的文化自信，是中国特色社会主义教育探索实践的优秀典型。

任育才中学校长之初，段力佩在积极实践凯洛夫教育学的过程中敏锐地注意到了全面学习苏联经验的弊端，并决心摸索符合我国实情的教育学。面对"大跃进"运动的冲击，他尽最大努力把政治影响引导到教育立场上来，减弱其对教育教学的破坏。"十六字经验"有力地回应了当时学生学业负担过重的问题；面对片面追求升学率现象，他又带领师生大胆进行教改，最终以"八字教学法"给出了应对之策；当"减轻学生负担，提高学生素质，发展学生个性"成为新的时代命题，他提出的"三自"教育思想又切中肯綮，推动育才教改实现了第三次超越。

段力佩教育思想的内涵与表达，有着浓厚的中华文化和传统教育的底色。他从前人和中国传统教育中汲取智慧，在继承中发展创新。如"变授为学"的思想与陶行知"教学做合一"的主张一致；"八字教学法"中的"读议小组"和"三自"教育思想中的"自治自理""自学自创"均受到陶行知"小先生制"的启发；"十六字经验"中"边讲边练"与陶行知的"手脑并用"一脉相承；"新旧联系"源于儒家所提倡的"温故而知新"，"因材施教"又源于孔子；有领导的"茶馆"式的教学形式中的"读读"与"朱子读书法"何其相似。而"德育是根本，智育是关键，健康是第一"，看似语义矛盾，实则体现了中国文化中颇为常见的辩证思维，与朱子阐述知、行关系方法一致。

段力佩教育思想的表述形式颇具中国传统文化诗韵化的特点，通俗易懂，便于传播。其喜用叠字，如"读读""议议""练练""讲讲"；亦喜拆词，如"人才，人才，才从属于人"，"教育的侧重点在'育'，教学的侧重点在'学'"；又从中国传统记诵之学中借鉴诗韵口诀来提炼观点，如"紧扣教材，边讲边练，新旧联系，因材施教"和"自治自理、自学自创、自觉体锻"等，对仗工整，朗朗上口。

20世纪80年代，《段力佩教育文集》两度出版，第二次更是以增订版的形式面世，以八十三篇文稿，展现段力佩在教育教学改革实践中的独到见解，以简明而有力的文字，向世人诉说着他的教育沉思和教育情怀。叶圣陶先生在《段力佩教育文集》第一版序言中写道：

"段校长谈到一个问题，总要说明这个问题怎样发现的，是什么现象引起了他的注意和思考；解决的途径是怎样找到的，是根据哪些教育原理。他这样做，对人家就有切实的益处，或者采取应用，或者参考比较，都能脚踏实地。他详细叙述他在育才中学是怎样做的，到目前取得了哪些成果，打算将来如何提高。他说得既实在又富有启发性。他并不把自己的做法强加于人，以为这是唯一的途径；但是人家读了他的叙述，自然而然会体会到做一个教育工作者，在自己的岗位上该怎样去发现教育和教学上的具体问题，并且根据相应的原理，通过认真的实践，把问题妥善地解决。"

他是一位在实践中成长起来的教育家和教育改革家，是探索中国特色中学教育乃至中国特色社会主义教育理论和实践模式的无数知识分子中的优秀代表。他为教育事业倾注了毕生的心血，而他留下的精神财富，也为我们在新的时代情境中继续投身这番事业提供了智识和行动上的启迪。

目录

第一辑　教育的目的与性质

第二辑　诸育的关系与发展

第三辑　教学的改进与变革

第四辑　学校的领导与治理

教育的目的与性质

要立足于社会主义教育事业

党的教育方针明确指出，应该使受教育者在德育、智育、体育几方面都得到发展，成为有社会主义觉悟的有文化的劳动者。"文化大革命"之前，由于我们认真贯彻执行了党的教育方针，培养了大批有社会主义觉悟的多方面的人才，他们中很多人今天已经成为各行各业的骨干。

德、智、体三个方面，是相互联系、相辅相成的。怎样才能做到德、智、体几方面都得到发展呢？有些人往往把"劳动者"片面地理解为"体力劳动"，而没有认识到应该是脑力劳动与体力劳动相结合的劳动者。也有一些同志，只看到人的共性，要求每个学生门门功课都是满分，忽视了个性的差异与充分发挥各人的爱好和特长。现在《中国共产党中央委员会关于建国以来党的若干历史问题的决议》，进一步提出了"坚持德智体全面发展、又红又专、知识分子与工人农民相结合、脑力劳动与体力劳动相结合的教育方针"。这一方针符合教育工作的实际，体现了社会主义教育的总规律，进一步肯定了过去所制订的党的教育方针，而且更明确了。这样做好得很。我们办教育必须按照这一条教育的总规律，结合各级各类学校的具体情况，探索具体的规律，开展教育科学的研究活动，为实现我国社会主义现代化培养更多更好的人才。

为了办好我国的教育事业，不断提高教育质量，要不要学习国外的先进经验呢？回答当然是肯定的。但怎样学，学什么，值得我们很好考虑。比如以电化教育为例，为了学习外国，不根据我们的实际情况，搞了好多设备；可是在教学实践中，有些根本用不上，能用的则为数很少，结果浪费了好多资金。又比如像程序教学等国外的一些做法，也是有待于进一步研究的。我们的教育是重视人才的培养的，但是，才是从属于人的，因此我们的教育方针的核心是培养什么人的问题。我们培养出来的人是建设四个现代化的主人，是我们国家的主人。而培养人是通过教书、育人来进行的，因此培养出来的人是有才的。这是我们社会主义教育的特点，也是我们社会主义教育的基点，是值得我们自豪的。我们的教育应立足于这个基点上。在许多西方国家，他们所培养的纯粹是为了适应生产力发展的才，是为资本家服务的，因此他们重才不重人。他们所培养的人是为了挣钱，为了被雇用，而不是为了成为国家的主人。当然，外国也有一些经验值得我们学习的。比如他们教育方面有些政策，不像我们国家的教育政策统得那么"死"。这是值得我们研究的。特别是一些发达的资本主义国家，他们的科学技术比较先进，那就要求我们从我国的实际出发，来学习他们先进的科学技术。至于外国教育家所写的教育学、心理学等著作，我们也应该批判地吸收，做到洋为中用。

当前，我们立足于社会主义教育事业，就应该在党的教育方针指引下，首先对中等教育的结构，根据教育与生产劳动相结合的原则进行稳妥的调整，以适应为"四化"服务的要求。其次，大专院校，普通中、小学，以及学前教育机构，应在校舍设备上、人力的使用上，进行更好的调整。我国目前的大学太大，小学太小。所谓"大"是指大学经费过大、校舍过大；所谓"小"是指小学经费过小，校舍过小。第三，各级各类学校的学制、课程、课时等，也应该进行很好的调整。对于普通教育中脑力劳动与体力劳动怎样结合，校办工厂是为教学服务，还是向钱看等，这些问题都要联系到我们社会主义的办学的目的、任务来认识。当然，有些重大问题学校本身很难解决，要由有关领导部门进行统一安排。

总之，我们办教育，一定要立足于建设社会主义这个基点上。

（选自《段力佩教育文集》增订本，上海教育出版社 1989 年版，第 1—3 页）

谈教育的性质

　　教育质量的"质量"两个字，与教育联系起来，已成为惯用的词语了。我不想在这里推敲词语的用法是否确切，而是想透过这词语来探索一下教育（特别是中小学教育）的性质问题，从而探索达到良好教育效果的规律和办法。

　　我记得：教育质量的提法是从 1958 年开始的，当时曾搬用工厂的一套办法来办学校。产品有个质量问题，从而，教育也有个质量问题了。一般来说，工厂是制造无生命的产品，可以在"制造"两个字上做文章，要优质又要高产，可以说制造是与质量联系着的。人是有生命的，是最高级、最复杂的生命体，对人只能根据外界条件去引导培育，使他自己内部的机能相互促进而成长和发展，无法去制造，而只能是教育。我认为，"教育"两个字，应作这样的解释："教"的意义主要是引导、启发、点拨、释疑、示范，把被教育者自己的感觉机能调动起来自觉地吸收、运用，达到育的效果。"育"包含着成长、发展的意思，表现出一个"活"字。教是为了育，而在育的过程中，由于存在着人的内部机能的吸收消化，又体现了一个"学"字。教又是为了学，教育是通过教学手段来达到教育效果的。谈到教育的效果问题，很难对一个最高级、最复杂的有机体用什么划一的质量标准来衡量；也不可能有机械的、一刀切的标准质量问题。因此，必须把对人的教育与产品的制造区别开来。

中小学教育（包括学前教育），是通过有目标、有计划地培养，使青少年得以健康地成长、发展，并收到良好的效果。所说的效果即是符合培养目标。但学生又各有所长，各有所短，绝不可能有整齐划一的质量。

综上所述，探讨教育问题，研究教育的性质就必须先从人的特点入手，而后才能研究效果上的问题。人们是以生产活动为中心结成社会，过着人类生活，并在社会环境的影响下成长、发展。而社会的结成、生活的延续，必须有生产的知识，技能的传、帮、带。人们就是在社会的、生活的相互影响下，在传、帮、带的过程中学习生产知识和生产技能；这两者结合，向一定的方向引导，就是教育。但教育的效果的大、小、深、浅，仍然要看受教育者本身的以认识外界事物为主的各方面的机能是否被调动起来相互促进、相互调节而决定。由此可见，教育是伴随着人的成长、发展而来的；反过来人也不可能离开教育自发地成长、发展。进入阶级社会以后，在语言的基础上又产生了文字，从而能把直接经验化作为间接经验，即所谓书本知识，更明显地看到教育者对被教育者有个传授知识的问题。从有了文字，进而有了书本，也为自学创造了条件。古往今来的学者，往往是自学成才的。韩愈在《师说》里说："师者，所以传道授业解惑也。"接着又说："师不必贤于弟子，弟子不必不如师。"据此，传授知识是一方面，关键还在于学。阶级社会里的统治阶级，把教育权攫为己有，教育者尊为师，受教育者称为生，只有少数人有在学校里学习的机会。虽然如此，那广大的享受不到教育权利的少年儿童，他们也还是受到家庭及社会的教育。另外，尽管有"严师出高徒"的口号，但学习的好坏，人的成长、发展，仍然要决定于受教育者自身。"学而时习之，不亦说乎？""循循善诱""举一反三"，这些都是教育经验的总结，是合乎客观的规律的。到了资本主义社会，也有所谓启发式嘛。由于科学的发展，教育也在科学化的影响之下了，今天我们的学校教育，我们的中小学教育、学前教育，应该说是从资本主义国家搬来的。我们曾照搬过苏联的，但总的还是资本主义的。什么是社会主义教育体系呢？把教育作为一门科学来研究，并探索社会主义教育的性质，是无可非议的，而且要大大地提倡。但既是把教育作为一门科学，那就必须是实事求是地进行探索和研究。首先应看到教育者是人，受教育者也是人，教育科学研究，就必须从人的实际出发。我前面说过：人是一个最高级、最复杂的有机体，应看到他是一个有机体的整体不能一点一点地割裂地研究，不然的话，人就变成机械人了。当前，教育的弊病，中小幼教的指导思想上，措施、设施和工作方法上的毛病，就出在这个地方。总是脱离人的实际，以机械化来对待人。正因为这样，这几年出现了学生中的高分低能的情况。针对这个情况，提倡发展智力，培养能力。这似乎是单项的研究，品质不佳，就强调加强思想方面的工作；体质不佳，就在初中毕业升高中时加试体育；等等。但是单项的措施并没有达到应有的效果。我们国家对转变社会风气不是在强调综合治理吗？综合治理，这才是科学的办法。我们搞教育工作的对待人这样一个最高级、最复杂的有机体，也应该重视"综合"这两个字，应竭力避免以单项的研究，机械化地对待人的教育。为什么不重视综合？还是对教育的本质没有认识清楚。

教育究竟是什么性质的？人生下来就和教育联系起来了，或者说，人在胎里就有教育的影响了。是动物都和教育联系着。小鸽子在母鸽哺育下学习爬动一直到远走高飞。当然，这是动物的本能，但小鸽子能远走高飞这一效果也不能不承认它所包含的教育因素。人为万物之灵，除具有和动物一样的本能的含义外，人还有主观能动作用，可以改造自然，改造社会。人与教育始终是联系着的。因此，教育对于人来说，也有它的主观能动作用。正因为这样，到了阶级社会，教育就一定要受到当时政治的经济的制约，同时又作用和反作用于当时的政治和经济制度。

教育是有规律可循的，只有用综合来对待复杂，才能够寻出正常的规律。例如，用分数来刺激学生，必然会导致两极化的效果：一方面是高分低能；另一方面是被低分湮没了的才能。总之，都没有真正学好。但我们还得承认这是规律，是不正常的规律，因为这是分数刺激的必然结果。所以，我们虽然都在探索规律，可是在单项研究的时候，一定不能忽视"综合"两个字呀！德、智、体全面发展的教育方针，这是一个综合地概括了人的健康成长和发展的总的规律。我们要以综合指导的思想，来对待人这一最高级、最复杂的有机体，认真贯彻这一条党的教育方针。

从党的教育方针，从德智体全面发展的培养目标来研究教育是一个什么性质的问题，除了应看到人有生以来就必然要受教育的客观规律外，还应看到教育在建设人类精神文明方面的作用。我们往往在教育是上层建筑，教育是生产力，教育既是上层建筑又是生产力种种看法上争议着。我认为，上层建筑和生产力不是一对矛盾。我又认为，外界物质必然影响人的精神，而精神总是要反作用于物质的。培养建设我国社会主义四个现代化的年轻一代，作为中小学生，尤其是中学生，体现着德智体全面发展的精神文明是主要的。中小学，尤其是中学教育对一个人来说是带有终身性影响的。当然，在中学时期，精神文明主要是通过对反映社会和自然最基本规律的各个学科的设置和合理的教材的学习来培育的。这就是通常讲的教书育人。同时，健康的体质一点也不能忽视，健康的体质和智力的发展是密切联系着的，而体育运动的开展又是和道德风尚分不开的。具有精神文明的人，一定会通过他的脑力和体力劳动，为他人服务，为社会服务；也一定是精神振奋，有理想，有抱负，为着祖国的美好未来，运用所掌握的知识去奋斗，去创造的人。他们敢想敢说，敢作敢为，反映出美的心灵和坚强的意志。一个社会主义的中学生，作为未来生产力的一个要素——劳动力来说，又与资本主义有着质的区别，因为他是生产的主人。剥削制度下的劳动力，不是主人而是被雇佣者。至于中学生所掌握的知识，还不是什么系统的科学技术知识，即使进入大专院校，系统地掌握了某些科学技术知识，当它们还没有能物化为生产工具时，也只是间接的生产力。何况，还有许多有关文、史、哲、政治、财经等专业知识，更是间接的生产力了。综上所述，我认为：教育，尤其是中小学教育的性质，主要不是制造生产力中起决定因素的生产工具，而是塑造精神文明的脑、体结合的劳动者，也即是我们所应该培养的人才了。

教育的性质如果是这样，那就决定着教育措施和教育方法的原则。人是最活跃的最高级的动物，这些原则的核心应该是适应一个"活"字，其标志是使受教育者有一个生动活泼的教育环境和一种主动积极的学习风气，从而真正地体现出精神文明来！

（原载于《教育研究》1982 年第 6 期）

教育的侧重点在于育

世界万物，大致可以分为两类，即生物和非生物。人类在改造社会和征服自然的过程中，也分别采取培育与制造这两个途径。要使人成为人才，就必须遵循人的成长的自身运动规律去育，即教育，而不能用制造的方法。教育的教是为了育，教育的侧重点在于育。教育要通过教学手段去完成，重点应放在指导学生"学"上。

从多年的实践看，教育的"育"字没有被重视。许多同志只讲教，忽视了"育"字，也必然忽视了"学"字。在所谓"跃进"思想、"神童"思想和"国际水平"的思想指导下，拼命求快、求多，加班加点，题海战术，搞得学生有做不完的作业。这是忘记了生物要靠育，而不能制造的道理。这也是教育领域中"左倾"思想的表现。这种脱离实际的情况，与经济领域中片面追求高速度、高指标，盲目冒进等"左倾"表现是同出一源的。

这些年来，我们看到许多做法，比如，宣传二岁的孩子识多少字；幼儿园用"白发苍苍的老奶奶"这样的话训练孩子的语言；小学一年级语文第二学期第一课就是"春风微微地吹"，要小学四年级的小孩子欣赏贝多芬的《月光曲》；要小学四年级的学生上"太平天国""巴黎公社"等内容的政治课；不适当地把大学的某些教材下放到中学，把中学的教材下放到小学，把小学的教材下放到幼儿园，等等。这样拼命拔高，教材如此严重脱离学生的生活实际，中小学与幼儿园的少年儿童消化得了吗？接受得了吗？很显然，是不可能的。幼儿园的儿童懂什么"苍苍"的意义？小学一年级的孩子又怎么理解得了"微微"的意思呢？小学四年级的少年又怎么能体会外国大音乐家贝多芬的《月光曲》的意境呢？怎么能懂得"太平天国""巴黎公社"的历史意义？再有，初中不学动物学、植物学，到了高中连生物的"形态"也不知道，却突然学起"分子生物学"来了。这样做，不但浪费时间，而且大大加重了学生的负担，当然也谈不上知识更新了。脱离实际，求快求高，势必欲速则不达，导致学生学习成绩下降，身体累垮，思想品德面貌不佳。

对于过去的经验，应该批判地接受，不应该全部否定。马克思就是批判地吸收了黑格尔的辩证法，才创立了辩证唯物主义，产生了共产主义原理。杜威的"教育即生活""学校即社会"和陶行知的"生活即教育""社会即学校"的主张都曾饱受挞伐。杜威是实用主义者，他的"存在即合理"的观点是应当受批判而否定的。但生活、社会对孩子的影响是非常大的，生活的感受、社会的风气对孩子的教育作用也是非常大的。所以，教育必须联系生活，联系社会，联系实际。我们承认联系的重要性，决不等于承认他的"存在即合理"的主张，而是根据教育的规律，在联系过程中给学生以正确的引导。

多年来，我们一直都在讲要使学生德育、智育、体育全面发展，但并没有很好地考虑德、智、体的要求与育的关系。德育、智育、体育"三块板"怎么摆平呢？我认为，三育是相辅相成，相互联系，相互促进，相得益彰的，而智育是关键。只有抓住这个关键，才能促进和巩固德育，才能处理好开发智力与增强体质的关系。

教育的侧重点摆在"育"字上，教学的侧重点摆在"学"字上，这才是实事求是地处理了教与育、教与学的关系。因为教育要通过教学手段来完成。教学是个长过程，应该遵循人的认识规律，循序渐进，这就是教学中要有实事求是的态度。循序就是实事，渐进就是求是。所谓序，就是学生生活感受随着年龄的增长而上升，而开阔；同时学生的认识也是从不知到知，从知之不多到知之甚多，逐渐上升、开阔。原来的小学读五年，高中读二年，就不符合中小学生的认识规律和生理、心理的发展特点，不符合实事求是的原则。

这里顺便说一下，国家对教育的统一要求，也应该适当地照顾到地区的差别，在可能的范围内让地方教育行政部门有因地制宜的自主权；同样，地方也应给各个学校一定的因校制宜的机动权。这样做的目的就是一个，即是做到教育的重点放在"育"字上。

（选自《段力佩教育文集》增订本，上海教育出版社 1989 年版，第 4—6 页）

教书要育人

　　教书必须育人。长期以来，在我们中国教育史上，教书确实育了人。在封建社会，通过《三字经》、《千字文》、"四书"、"五经"等教学，使孔孟之道深深地印在受教育者的脑子里，形成牢固的观念，进而转化为行为，成为社会的伦理与道德，以致封建思想一直影响到今天。封建时代能够教书育人，我们社会主义的教育更应该通过教书来育人。

　　多年来的教育实践说明，教育工作者忽视了对这方面的研究。从语文教学来说，机械地把思想教育与语言文字知识的教学割裂开来；政治课也同样把理论与实践割裂开来；数、理、化、生等学科，把基础知识的教学与掌握各学科基本技能割裂开来。这样机械地分割，导致各学科单纯地片面地追求知识，近年来的满堂灌、题海战术，更说明了这个问题。再从课程设置来看，课程设置的根据是什么？没有很好研究。近年来，为了培养科技人才，而出现了中学课程偏重于数理化的倾向，甚至在普通中学里，把择优录取入学的学生编成理科班。教材的编写，也同样离开了各学科的知识体系和规律，写得深浅不合度，学生除了死记硬背来获取书本知识之外，很难掌握社会的、自然的最基本的规律。这样就很难通过教书达到育人的目的，学生所获取的知识也很难融会贯通。

这种情况如果再任其发展下去，后果是很严重的。

中小学是基础教育，是青少年取得公民资格以前的普通教育。我国中小学教育的目的，是培育下一代成为有社会主义觉悟的、有文化的劳动者，即合格的社会主义建设人才。通过什么来培养呢？通过各个学科的教学来培养。因此，中小学的课程设置以及所编写的教材，必须十分仔细地进行研究。各个学科的教学过程以及教学方法，必须使学生能够按照各门学科的规律来掌握基础知识。明确了这一点，我们就应当通过教学，使受教育者掌握社会的、自然的最基本的规律，逐步形成辩证唯物主义的世界观，达到教书育人的目的。比如在语文、历史、地理等学科的教学中，爱祖国的教育，善和恶等的教育内容是很丰富的。凡是爱国之士，一般也都是反对侵略的；凡是爱国之士，一般也都有宁为玉碎、不为瓦全的美德，而厌恶那些贪图富贵、卖国求荣的奸徒；不少当代的革命英雄，其事迹更是可歌可泣。在数、理、化、生的教学中，可以看到许多科学家的发明创造，其目的是为了征服自然，造福人类。政治课的教学更是可以对学生进行系统的共产主义世界观的教育。音乐、美术教学则是通过音、形对青少年进行陶冶。能够这样做了，我们最基本的思想教育就抓住了。当然，学校集中一些时间，对学生进行思想教育、形势教育和法制、道德行为等方面的教育，也是必要的。

总之，许多历史经验证明，教书必须育人，教书也一定能育人。

（选自《段力佩教育文集》增订本，上海教育出版社 1989 年版，第 7—8 页）

学校教育要为下一代着想

一位家长就如何培养子女的问题，对我们学校的工作提出了意见。联系到教育界和社会上的情况，我们再一次认真考虑了学校教育怎样为下一代着想的问题。

事情是这样的：1981 年 1 月，寒假的前夕，我们学校领导商定，这次寒假放假就是放假，学校在假期内一律不补课，高中毕业班每天总共布置二至三小时的作业量。各班级教师在家长会上说明了学校的意图。有位家长听后提出了不同的意见。她说，你们不搞假期补课，表面上减轻了学生的负担，实质上增加了家长的负担，家里请一位家庭教师补课，要花一笔钱。班主任对这位家长解释道：请人在家中补课，对孩子恐怕没有好处。其原因一是补课过多，孩子用脑过度，容易产生抑制作用，学习效果反而降低；二是"开小灶"，容易养成孩子的依赖心理，认为反正家里请人补课，上课不专心，也会影响听课效果。这位家长听了仍然不以为然地说：过去考进育才，等于一只脚跨进了大学，现在你们这样做，学校牌子也要做坍了。这位班主任对家长说：学校不能片面追求升学率，而要培养全面发展的人才。谁知这位家长听了竟不悦地说："宁可让孩子拼一下，考进大学后，病休一年也不要紧！"

　　我感到，这位家长所反映的思想，在当前教育界、社会上有一定的代表性。产生这种想法的原因是复杂的，既有教育部门的问题，也有深刻的社会因素，我们不能轻易地责怪这位家长。

　　学校出现的这种情况，已引起了教育界不少同志的严重关注。

　　出现学生负担过重的情况，不完全是学校和教师的责任。由于学制过短，高中读两年，而学习内容比过去三年制的高中还多。两年中，实际上只能用一年或一年半的时间把教材上完，接着就是紧张的复习。仅此一项，学生的负担已显得够重了。再加上这批学生读小学、初中时，正是"四人帮"摧残教育的时期，基础未打扎实，"先天不足"，因此学习更显得吃力。那么有没有教育部门的责任呢？我看是有的。这就是在目前教育还处于整顿的过渡阶段，有相当一部分教育工作者还不能从这批学生的实际出发，尽可能采取多种措施，改进教学方法，使他们生动活泼、主动地学习。也许，这些同志的主观愿望是好的，但采取的许多措施，客观上则是加剧了学生本已沉重的负担。

　　高校招生制度的改革，转变了学校和社会的某些风气。但是招生办法尚有待研究和改进。现在高考的考题往往成了普通学校教学的"指挥棒"，再加上社会舆论以及教育结构的比例失调，因而产生了片面地追求升学率的现象。部分学校为了猜高考题目，从各种渠道搞来了试题汇编资料。沉重的作业负担，填鸭式的教学方法，成为相当普遍的现象。学校之间，看谁超课时多，看谁的题目布置得多，"行情"日日涨；领导动员，教师疲于奔命；家长加码，繁重的课业犹如倾盆大雨向学生头上泼去；把一部分活泼可爱的青少年，整天封闭在课堂里，淹没在题海中。长此以往，怎么得了！人们不禁要问，我们这样做还要不要培养朝气蓬勃的、健康的、富有创造精神的下一代？

　　我认为，学校教育要为下一代着想，对下一代的成长负责，而不是为他们拼凑高分、混进高校出力。培养人才，一定要有战略眼光，遵循科学的教育规律，而不能用"催肥""突击"的方法。有人曾对我说："你们讲的道理是对的，可是高考是眼前的事呀！"我说，如果按教育规律办事，从长远来看，一定能培养出高质量的人才，按照规律办事，教育质量一定会逐步提高，人才一定会源源而来。

（选自《段力佩教育文集》增订本，上海教育出版社 1989 年版，第 11—13 页）

要为了孩子

从我蹲点的静安区第一中心小学和幼儿园来看，认为幼儿园应该教养结合，以养为主。孩子们的活动应该多安排在户外，在自然光照下，对身体有好处。通过游戏和各种活动，让孩子们认识他们所接触的事物，不断积累知识，并逐步系统化。这样既有利于孩子体质的增强，又有利于他们智力的发展。

我反对过早地、填鸭式地让两三岁的孩子认字、计算、背唐诗、学英语。这样做不顺乎其性。不根据孩子的智力发展，那就不是为了孩子，而是折磨孩子。从幼儿园进入小学，中间只隔一个暑假的时间。而对孩子来说，却将接受一个跨度很大的跳跃。孩子在幼儿园里可以睡午觉，到了小学一年级，不仅没有午觉可睡，晚上还要爸爸妈妈陪着做功课，直到九十点钟。这不是折磨孩子，又是什么？

我在静安区第一中心小学搞了一个试点。以语文学科来说，原来每周有 13 个课时，现在改为 6 个课时，余下的时间，把语文课和音体美等活动结合起来。这样，孩子们的学习有动有静，身心愉快。看起来语文课的课时减少了，实际上识字巩固程度却比原来增强了。原来安排的回家作业，现在可以让孩子们在学校里完成了。

此外，我主张小学一、二年级学生，应该让他们在学校里继续保持午睡的习惯。我总感到孩子的睡眠有时比吃还重要。睡得好才能吃得好，吃得好才能长得好。不为孩子的健康着想，还要我们搞教育的人干啥呢？即使孩子们进了中学，也应该让他们学得主动，学得活泼。不要一个个都像"书呆子"或"小老头子"那样。假使我们想方设法，认真贯彻德智体全面发展的教育方针，既减轻作业负担，又提高教学质量，是完全可以做到的。

（选自《段力佩教育文集》增订本，上海教育出版社 1989 年版，第 184—185 页）

让孩子做学习的主人
不做分数的奴隶

孩子们的确是可爱的。他们天真活泼，充满着朝气和活力。所以，我们老一辈的人，广大的家长，都寄希望于后一代，希望他们在党的阳光下，在学校和教师的教育下，在德智体诸方面健康地成长。可是，现在社会上有不少人，包括教师、家长，对孩子最关心的莫过于分数了。最近，小学毕业生纷纷考初中。在这些日子里，家长们东打听，西打听，打听自己孩子的报考总分，是否能进重点中学；小学的领导和教师关心的是，自己学校、班级的升学率；教职工关心的是，自己的孩子能否被破格照顾？总之，其他问题都很少考虑。只有考试的分数，日夜为之操心。我不禁要问：升学的目的究竟是什么？我也要问，各级各类学校的招生命题、办法和学生的考试成绩，究竟能否反映孩子们的健康成长？

眼前的现实分明是：家长送孩子上学最主要的目的就是孩子能得高分；学校教育最主要的目的也就是让学生能得高分；招生的最主要的目的也在于考生的高分。高分！高分！可是，培养出来的人，往往是低能！考试中的半分之差能说明什么呢？10分之差，又能说明什么呢？

考分代替了一切，考分掩盖了一切，其结果，学生的德智体的健康成长，只能成为一句装点门面的空话！

由于追求高分，那些天真活泼的孩子，在学校和家庭里又是如何成长的呢？小学一年级的学生，他们刚离开幼儿园仅几个星期，上小学后不仅没有午觉好睡，连晚上也要爸爸、妈妈陪着读书，连早睡也不可能了。孩子们得到高分可以受到家长的称赞，甚至吃巧克力；如果得了低分，即使是 60 分，家长便会对他们施加压力。久而久之，孩子们天真活泼的童性不见了，哪里还谈得上什么德智体诸方面健康成长？

我认为，如果是真正为了孩子，真正热爱孩子，我们当教师的、做家长的，应注意下列几点：

1. 必须珍惜孩子天真活泼的性格。活泼是孩子的自然共性，应该珍惜它、保护它，不要让孩子成人化。我已是耄耋之年，可是我还保留着我童年时的天真气、活泼气嘛，想着就要说，高兴时还说些俏皮话，有什么不好呢？

2. 教育要循循善诱，不能强加。强加于人不仅谈不上什么效果，相反，有些孩子见到题目多，干脆不做了。要孩子把某几个字抄写 10 遍，头两遍还好，接着就越抄越不像样了。说明强加是不会有什么好效果的。

有的教师上课时赶进度，但是孩子们的理解、接受跟不上。如果不问消化情况如何，而只赶自己的进度，这不是强加又是什么呢？为了要达到赶进度的效果，就迫使孩子在该睡觉的时候还由爸爸、妈妈陪着，在灯光下读啊、写啊。这样做先不说效果怎样，长时期下去，孩子们所受的精神上和肉体上的折磨，将是不堪设想的！

孩子集中思想的时间比成人短暂得多，自制能力也是刚刚萌芽。怎样把他们的好学与自制能力在刚刚开始时，便很好地结合起来呢？这就需要循循善诱。现在一堂课要坐几十分钟，在课堂里又光是要他们带着一双耳朵听，还要加上被动的回答问题。这种貌似启发而实是被"审讯"的形式，就谈不上循循善诱。课堂内带了一双耳朵，强迫坐上几十分钟，课外又要做那么多作业，孩子们怎能受得了。有的家长还在旁边喊："快做呀！"或者是连骗带哄，或者是加以呵斥或殴打。原本是好孩子，却得到了一个相反的结论："孩子顽皮，不要学。"于是，孩子幼小的心灵长时期地受到折磨，影响了他们的健康成长。

3. 把孩子们从分数的精神枷锁里解脱出来。教学过程，是对知识的一个探索过程，平时的教学和练习，是孩子们探索知识的重要方面；而考试、测验，只起到检查和复习的效果。所以，学生学习成绩的好坏，主要决定于平时的教学。因此，我建议广大教师和家长，应当关心孩子学习的整个过程，而不是只关心孩子的分数；要引导孩子成为学习的主人，不要做分数的奴隶，更不能把分数变成惩罚孩子的手段。

4. 降低课本的程度，才能真正提高学生的程度。课本的内容，应当从孩子能理解、接受的实际出发，然后循序渐进。刚刚进入一年级的孩子就教什么"谁知盘中餐，粒粒皆辛苦"，这样严重脱离一年级孩子生活感受的实际，除了折磨孩子外，能提高程度吗？"四则"还不熟练，就教起"代数"来了；一公升等于多少立方厘米这样的习题，出现在小学四年级课本里，这是提高程度吗？所以，不降低现行课本的程度，是不可能真正提高孩子的学习积极性和文化程度的。

我要讲的问题当然不止这些。但这些问题已经足够引起我们的关心和研究的了。

（选自《段力佩教育文集》增订本，上海教育出版社 1989 年版，第 181—183 页）

学校大面积丰收应该是人才辈出

什么是学校教育的大面积丰收？有人说，就是升学率高。3年、6年的书读下来，总希望都能升上高一级学校。为了达到这一目标，加班加点，搞题海战术；特别是毕业班，连政治活动、体育活动、科技活动及文艺活动也很少开展，全力以赴抓读书。这样培养出来的学生，由于不是进行全面培养，缺少各种活动的锻炼，往往是"高分低能"，缺乏自觉自创、自治自理的能力。因为学习的目的性不明确，所以一旦考上大学，就喊"60分万岁"，缺乏远大的志向与事业心。据某大城市对大学生的抽样调查所知，只有11%的人认为为人民服务是有价值的。许多农村中学，也纷纷反映不少中学毕业生不安心务农。由此可见，通过片面追求升学率所得来的大面积高分，称为学校教育的大面积丰收是不妥的。

我认为，学校教育的大面积丰收，应该是人才辈出。学校培养出来的学生，应当是有真才实学的。文凭只能证明一个学生在校学习的成绩，并不等于有了文凭就是人才，也不是上了高校就算人才。封建社会的传统观念是"金榜题名"才是人才，"名落孙山"就不是人才。而翻开历史的巨册一看，又有几个状元是人才呢？而落第的李时珍等许多发明创造家，却成为名垂史册的中华民族的优秀人物。人才是多方面的，多层次的。中国有句俗语：三十六行，行行出状元。随着历史的发展，现在已大大超过三十六行了。这说明，培养各方面多层次的人才，才符合历史发展的需要。《中共中央关于教育体制改革的决定》中指出："教育必须为社会主义建设服务，社会主义建设必须依靠教育。"这就为我们指明了学校教育应当培养出大量适应现代化建设的多方面需要的人才。

从这一办学目标出发，我们办学的具体措施，应该是既抓共性，又注意个性。共性，一般体现在课程设置之中；而在共性中又要注意个性，做到课堂教育在课堂完成，并在课外、校外充分发展学生个性，也就是要重视培养学生的兴趣爱好。学生今日的兴趣爱好，往往能发展成为明日某一行的尖子。我认为，在九年义务教育的基础上，要十分重视职业技术教育。普通中学实际上是大学的预备班，应少办些。应当培养学生自治自理的能力，自学自创的能力，自觉体锻的习惯，陶冶自己的情操；要在高中阶段打好扎实的基础，使他们将来成为一个合格的大学生。

人是各有所长，各有所短的，片面强调统一，而忽视个性，就有把人才扼杀在幼苗阶段的危险。如果把人都按一个划一的标准来加工，就像木匠按一个尺寸来锯木料一样，都做成栋梁，而缺乏檩、椽、柱等其他各种木材，也同样造不成房子的。学校教育如果把人都像扎大闸蟹一样缚紧了来培养，是不能培养出各方面多层次的人才的。因此，我们一定要更新人才观，树立正确的办学观念与办学目标，学校教育才能够获得大面积的丰收，才能使人才辈出！

（选自《段力佩教育文集》增订本，上海教育出版社 1989 年版，第 186—187 页）

照顾共性　发展个性

　　教育工作中一定要处理好共性与个性的关系。一个班级四五十个学生，按照同一课程，使用同一教材，怎样做到照顾共性，又不忽视个性的发展呢？对学生有一个最低的要求，或是基本的要求，这是对所有学生一致的地方，也就是共性。但也要看到学生是有差异的，在达到基本要求的基础上，允许学生对各科有所侧重。这也就是体现个性的不同。没有个性，就不可能有共性；而共性又存在于个性之中。有经验的教师非常注意在发展共性的同时发展个性，也就是对学生的要求基本是相同的，但又有所不同。教学方法中的因材施教，就是适应个性活动的有效手段。

　　人的个性的形成，有其许多复杂的因素。其中有生理上的遗传，家庭和社会环境的影响，也有本人在社会实践中所受的教育，以及个人的努力程度。如果我们在教育工作中恰当地处理好学生的个性与共性的关系，就有利于发现人才，培养人才，有利于早出人才，快出人才。因此，在教育工作中必须有灵活多样的因材施教的教育和教学方法；在设置课程、编写教材等方面，也务必注意到共性和个性的客观存在，做到既统一而又不完全统一，也就是统而不死。

我国是一个人口众多的国家，教育的体制、要求等方面，统一是必要的。但是哪些方面必须统一，统一到什么程度；哪些方面不求统一，应当认真研究。例如，目前的课程设置是统一的，教材编写也是基本统一的，甚至发展到考试也是统一的，连答案也是一点、两点统一标准的。这样做是否湮没了人才？我认为是值得严重注意和研究的问题。

普通中学，它的特点之一是"普通"。在普通中学，适应共性的，可以有必修科；适应个性的，可以有选修科。必修科也应该注意到适应个性的需要；选修科是为了适应个性而设置的，应该内容多样，以便发展学生的兴趣、爱好，特别是适应他们的心理、生理的特征，培养他们的特长。

让学生有更多的时间自己支配，这是处理好个性与共性的关系中一个重要问题。把学生的时间都"统"掉了，那就谈不上培养学生的兴趣爱好，更谈不上培养他们的特长。他们只能终日埋头于做作业，没有时间和精力顾及其他。如果每天保证他们有一定的时间自己支配，这样就能使学生的个性得到比较好的发展。

从学校来说，也只有妥善地处理好个性与共性的关系，才能从实际出发，形成自己的特点、流派，显示出各校的特色，在既统一又不统一的情况下，各放异彩，为繁荣全民族的科学文化事业，作出更有效的贡献。

（选自《段力佩教育文集》增订本，上海教育出版社 1989 年版，第 109—110 页）

兴趣、爱好与理想

　　每个中学生都已有十几年的生活经历。在这十几年社会生活中，由于教师、家长、亲友或社会环境的影响，不少学生逐渐形成了自己的兴趣与爱好。有的喜欢器乐、舞蹈或唱歌，有的喜欢球类、棋类或田径，有的喜欢看书、电影或电视，有的喜欢航模、电子或生物，有的喜欢数理化，有的喜欢文史或外语，等等。总之，各人有各人的兴趣爱好。

　　青少年学生的兴趣爱好，开始时一般表现为对某些事物、某些活动感到特别有趣、有劲，往往缺乏明确的目的，带有一定的盲目性。兴趣高涨起来，常常寝食俱忘，甚至连自己的功课都忘了，或者草率应付了事。

　　学生有了兴趣爱好，处理得不好时会影响规定课程的学习。那么，有兴趣爱好到底好不好呢？

　　我们说，不能因噎废食，不能因为怕鱼骨头鲠喉咙而不吃鱼。关键是要教育、引导他们正确对待，处理好学习与兴趣爱好的关系。学生的兴趣爱好，大多是健康、有益的，至少是无害的。兴趣爱好反映出学生要求学习的自觉性，对于发展智力，促进身心健康等方面都是一种"营养剂"或"健身法"。所以，否认兴趣爱好，取消兴趣爱好是行不通的，不应该的。相反，在教育和教学活动中，支持学生的兴趣爱好，培养学生的兴趣爱好，并使它提高、发展，是有利于学生德智体全面发展的。

道理也是很明显的。党要求我们培养大批又红又专的献身四化的人才，也就是说要培养有理想大志，有真才实学的人才。而理想往往是从兴趣、爱好、愿望开始和发展起来的。正确的兴趣爱好和愿望是学生进步、成长的强大动力。今日学生在学校里的兴趣爱好，也往往是他们明日为之奋斗的理想。

达尔文从孩提时代起对小虫子有浓厚的兴趣，结果发展成为大生物学家；爱迪生从小爱问为什么，探索未知，勤于试验，后来成为大发明家；高斯从小喜欢数学，终于成为大数学家；陈景润青少年时代受到老师的启迪，怀有采摘"哥德巴赫猜想"这颗数学皇冠上的明珠的美好心愿，终于在前进的道路上取得了可喜的成绩。许多事实说明，历史上许多人之所以献身事业并成为伟人，与他们从小养成对这一事业的兴趣爱好是分不开的，与他们在活动中逐步建立热爱事业、献身事业的理想是分不开的。所以我认为，学校应该支持学生的兴趣爱好，为学生的兴趣爱好创造条件。我们学校除了上好教育部规定的必修课程之外，还为学生开设了数学、物理、化学、语文、外文、音乐等选修科，在课外成立了电子、航模船模、电视机等科技小组与各种艺术团队，开辟了数学爱好者之家、生物园地与图书阅览室，让学有余力而又有兴趣爱好的学生去学习、深造，发展自己的兴趣爱好，发展个性特长，培养创见与坚韧不拔、百折不挠的精神。

学生的兴趣爱好是不会千篇一律的。我们在组织学生参加课外活动时，决不能强人所为，而应坚持自愿原则。只有自愿，才能牢固持久，坚持经常。

有些学生的兴趣爱好也可能不很明显，有的或因学习吃力而无暇旁顾，所以我们必须因人制宜，区别对待。有的可以鼓励他参加各种活动，在活动中加以启发诱导，培养他的兴趣爱好；有的则是先帮助其打好学习基础，稳步前进，然后再发展他们的兴趣爱好。

学生从兴趣爱好出发参加各种活动，有可能逐渐形成有特色的知识积累，长知识，长才干，进而形成真才实学。如我校有一百名数学爱好者，演算由中国数学学会提供的 1980 年美国奥林匹克数学竞赛试题，有九人得了一百分以上；而同样试题，美国四十二万学生中只有二百五十六人得一百分以上。所以，参加兴趣爱好活动，有利于学生的成长。当学生爱上了某项事业，在活动中又由于老师的教育，懂得了这门学科或这项事业与实现四化的重要关系，今天的兴趣爱好就会升华为明天实现四化的事业心。这样形成的理想，肯定比干巴巴的说教产生的效果要扎实得多。如航模、船模爱好者，往往因为看到祖国的飞机、船舰制造业落后，而立志当一名飞机设计师或造船工程师；数理化爱好者为决心填补祖国的空白与改革祖国某些落后工业部门，而成为原子能、水利、地质、石油等战线的尖兵；文科爱好者则会成为作家、新闻记者、政法工作者、翻译等某一方面的专门家，参加四化建设。

四化需要各式各样的人才，我们的学校也要鼓励和支持学生有各种各样正当的、有益的兴趣爱好，让他们从拥有兴趣爱好逐渐发展成为有创见、有理想的人才。

（选自《段力佩教育文集》增订本，上海教育出版社 1989 年版，第 48—50 页）

教改要着眼于学生个性
和共性的和谐发展

前几年，中小学教育战线提出了"大面积丰收"的口号。这个口号是很对的，然而人们对这个口号的理解并不全面。多数同志恐怕是把"大面积丰收"，理解成大家都取得高分。出于这种理解，学校的教学工作就只局限于把教科书的知识，通过课堂的传授，向学生进行灌输，有的不惜采用加班加点、题海战术、统测统考的办法，谋求高分。这些做法，摧残学生的身心，压抑了学生个性的充分发展。

我们的教育对象是青少年，是人，而人是最高级最复杂的生命体。凡是生命体，总是有它自己的个性，更何况是人。因此，我认为当前的教学改革，必须十分重视处理好发展学生的共性和个性的关系。共性是指终生受用的基础知识，个性是学生的个人兴趣爱好。要通过我们的教育活动，使我们的青少年一代既具有扎实的文化基础知识，又有鲜明的个人兴趣爱好的特长，这才是真正的大面积丰收。

要使学生具有扎实的文化基础知识和鲜明的个性特点，首先要改革长期以来课堂教学的灌输现象。从一般的教学过程来看，往往是灌输的多。虽然大家也在提倡启发式，但是我看到教学过程好多的所谓启发式，只不过是通过教师提几个问题让学生回答，使学生按照教师的讲解掌握书本上的知识。这种启发，我看还是形式上的，学生真正把书本知识消化了没有，恐怕还是一个问题！

灌输是一种陈旧的传统教育思想，自古以来都说知识是靠传授的。我认为现在恐怕不再是传授知识的年代了，教科书，参考书，讲义……这都可以通过文字来传授，现在，一般来说，学生对相应年级的教科书都有一定的阅读能力，都能够直接从文字材料中获取相当的知识。其实教师的作用主要在于与学生共同探索，并加以启发、引导、点拨、解惑，调动学生的积极性去获得知识，弄清知识的来源和它的发展，特别是让学生懂得今天所获取的知识的相对性。这种师生共同探索知识的过程，不仅有助于学生的共性发展——掌握基础知识，而且也能使课堂教学成为培养、发展学生个性的途径。

为了使学生的共性和个性充分和谐地发展，还必须重视改变以下几个弊端：一、教师缺少个性和缺少对发展个性的认识。加上没有发展学生个性的时间的保证，所以教师把指导学生发展个性视为额外负担；二、由于升学的依据只是共性课程的考试成绩，与学生发展个性无关，所以家长与学生都把发展个性看成是"不务正业"。目前的考试无形中成了教师刺激学生学习积极性的工具，考分成了家长衡量子女学习成绩好坏的标准。因此，考试成了学生学习过程中沉重的心理负担，阻碍了学生学习积极性的发挥，限制了学生的自学、自创的能力的提高。因此，我们对设置课程、编写教材、教学方法、考试制度等方面进行了一些改革。比如，我校把发展学生个性纳入了教学活动计划。从 1985 年开始，在初一、初二年级，每周用一个半天开综合活动课，内容有艺术修养，阅读指导和欣赏，科普知识等，使学生动手动脑。每门课由专门教师负责上课，并评定成绩。成绩评定原则是评好不评坏。我们将在这个基础上，逐步扩大综合活动课的时间和内容，扩展动手动脑实验室和其他活动室，为学生发展个性创造条件。

（原载于《上海教育》（中学版）1989 年第 7—8 期）

教师的主导作用与学生的主动性

教师讲得很清楚，是不是就发挥了学生主动性呢？不一定。只有教师讲，没有学生讲；只有教师问，没有学生问，学生的学习主动性体现在哪里呢？教师一张嘴，面对五十个学生，你怎么知道哪个学生在听，哪个学生没听呢？有时候，用两个眼睛对着你的学生，并不一定在听；相反，有的调皮的学生，倒反而在听。这样，你怎么起主导作用呢？有的学生，纪律很好，坐在课堂里不乱动，其实并没有听。我们听报告，有时也有这个情形。

只有学生的主动性发挥了，教师的主动性才能发挥，才能起作用。当然，学生的主动性也是教师努力的结果。比如，学生是怎么读起来、议起来的呢？这是教师启发的。教毛主席写的文章，就可以问学生，毛主席为什么写这个题目，是在什么背景下写的。学生议论起来了，既紧张，又不乱，课堂有了节奏了。他们学习得紧张，说明教师的主动性发挥了。所以学生读读议议，步步深入，与教师的启发诱导分不开的。不可能是教师的主动性没有发挥，而学生的主动性发挥了。

有人讲：学生的主动性发挥了，教师很被动，怕学生提出问题答不出。我看不被动。教师不能对所有的问题都能解决。当你碰到回答不了的问题时，可以向学生讲清楚：我研究研究再回答你。我看，如果对学生提出的问题能回答百分之八十，那就算不错的了。如果学生的主动性发挥了，你就必然有问题回答不了；否则，你的主动性还没有发挥。如果学生经常有问题提出来，那么，一定是水涨船高，有回答不出的问题，这不稀奇。我们的态度应当是知之为知之，不知为不知。不过我们是人民教师，要有强烈的责任感，当堂回答不出，就去研究。如果一个星期答不出，就研究一个月，甚至一学期，还研究不出，那也告诉学生：你的问题提得很好，我还在研究。这样做，教师还是主动得很。只有当你的指导思想不对头时，就被动了。如果你认为：我是老师，还能回答不出问题？那就是自讨苦吃。其实，你尽管回答不出问题，但总的讲，你对某一门课程，还是老师，还是先知。

另外有人顾虑，好像讲课要讲得系统才算好。这个顾虑也是多余的。教材是系统性的，教师只是启发、引导学生，帮助他们把不懂的弄懂，并不是一定要系统地讲。教科书已经系统了，讲得零碎些有什么关系。教师的目的是让学生掌握教材。

所以，为了正确处理教师的主动性与学生的主动性之间的关系，我们应当懂得教学过程是官教兵、兵教官、兵教兵的教学相长的过程，而不是教师单方面传授的过程。因为，从某一门课讲，教师是先知，但在某些问题上，学生可能了解得比教师更深。而相互议论，不仅学生之间能相互启发，而且也能启发老师，这就是兵教官；学生之间的相互议论，就是兵教兵。在我们社会里，学生学习的机会多，可能这个学生在这方面接触得多，那个学生在另一方面接触得多，互有差异。当然，主要是官教兵，但也是兵教官、兵教兵的过程。这样教学就发扬了民主。

把发扬教学民主同严格要求两者结合起来，这也可说是教学上的民主集中。这样师生关系就两样了，学生尊敬老师，老师热爱学生，相亲相爱。

（选自《段力佩教育文集》增订本，上海教育出版社 1989 年版，第 99—100 页）

处理好学校教育与家庭教育的关系

孩子出生之后，父母就成了孩子最早的老师。但是做父母的怎样做好孩子最早的老师呢？对很多家长来说，可能还没有意识到这里大有学问，而仅是尽些教养的责任而已。比如，有些家长给自己的子女创造了优越的生活条件，事事顺着孩子，把孩子溺爱成任性的家庭小霸王；有些家长望子成龙心切，常常强迫三四岁的幼儿背古诗、读英语、做算术，造成孩子对学习的反感情绪，损害了稚嫩孩子的身心健康。也有一些家长，对孩子的所作所为听之任之，或者相信"棍棒底下出孝子"，情绪高时百般宠爱，情绪低时把孩子作"出气筒"，凡此种种，不一一列举。总之，家庭教育中存在的问题不少，急需予以重视。

现在，不少学校已开始对家庭教育予以不同程度的重视，这是个好的趋势。有的举办家庭教育讲座，向家长宣讲教育孩子成长的知识；有的成立家庭教育委员会，吸收家长一起研究学校教育工作；也有的在家长会上与家长交换孩子成长的情况与对其教育的要求；许多教师还采用个别联系或家庭访问的办法，争取家长配合，共同教育孩子健康成长。

家庭教育与学校教育都承担着教育少年儿童的任务，它们的目标是共同的，两者是相辅相成的，但两者又不是一回事。学校教育承担着对孩子进行系统的文化科学知识的教育，培养学生德智体诸方面全面成长；学校有一支经过专业训练的教师队伍，分年级分学科有计划地对孩子进行知识教育，培养孩子正确的世界观、人生观、道德观。而家庭教育肩负的任务与形式却与学校教育不一样，主要通过父母的言传身教，潜移默化地对子女进行教育，从德智体诸方面全面关心子女健康成长，而不是片面地只抓知识教育。学校教育与家庭教育共同的目的性，决定了两者要紧密配合，互相支持，以求下一代的健康成长。当然，学校教育需要家长的配合和支持，但不应该视家长为学校知识教育的"家庭教师"。学校应看到家庭教育的重要性，处理好学校教育与家庭教育的关系，真正做到两者和谐地配合。

（选自《段力佩教育文集》增订本，上海教育出版社 1989 年版，第 227—228 页）

诸育的关系与发展

正确处理德智体三方面的关系

德、智、体是个整体。它们之间是相互联系、相互促进的。如果不能正确处理它们的关系，或是盲目地偏重于某一育，其结果非但不能很快促进各育的发展，相反会造成相互之间的破坏，或是各育本身自己对自己的破坏。

比如说，为了加强智育，现在有些学校让学生从早到晚无休止地做题目，而且题目越来越难，以致学生学习无信心，心情不舒畅，睡不好觉，吃不好饭，体质明显下降。也有些学生为了考上大学，便什么事情都不管，一切都讲"实惠"，说什么"考上大学定终身"，等等。这岂不是智育对德育、体育的干扰破坏吗？这些学生经过加班加点，死记硬背，有的虽然一时得了高分，考上了大学，但到了大学，学习却很困难。因为他们并没有真正掌握知识，思维不但没有得到发展，反而把脑子封闭起来，严重地障碍着学习能力的培养。所以，这样搞智育，本身就破坏了智育。又比如，有的学校在抓体育时，不按照青少年身体发育的客观规律，循序渐进地搞体育运动，而是盲目地抓大运动量训练，结果也只能给青少年身体造成内伤，影响身体的健康成长。

应该特别指出的是，目前在智育方面有些问题很严重，直接影响教育质量的提高。前面已经提到，为了提高质量，不少学校的领导、教师以及学生的家长、亲戚等拼命地让学生做题目，越做越多，越做越难，有的题目之难，连有的有经验的教师也解答不出来。竞赛的名次，高考的升学率，成了教育追求的目标，给学校领导和教师造成了巨大压力。结果，造成校与校之间、班与班之间你追我赶，层层加码，互相打听"行情"，交换考试题目、复习提纲、难题详解之类的材料，你一本我一本，满天飞舞，最后都落到学生头上。试问，这是在进行智育还是在破坏智育？是发展学生的智力还是束缚他们智力的发展呢？

在教育过程中，不应当把德、智、体三者之间的关系割裂开来，或并列起来抓。我认为，在人的各个不同发展阶段，应该有所侧重。比如幼儿阶段，应侧重于体育方面，从促进幼儿的健康和身心的正常发展出发来组织游戏，并在这个基础上进行德育和智育，发展他们的智力，培养他们社会主义的道德观念和行为。小学的侧重点，应逐步从体育过渡到智育。小学低年级应注意从唱歌、游戏、画画中发展学生的智力，培养道德观念与增强体质。到了中学阶段，一般地说，在正常情况下，侧重点应该放在智育上。只有抓住智育，才能更好地进行德育和体育。因为学生只有掌握文化科学的基础知识，才容易理解政治和道德方面的概念和准则，才能更自觉地提高思想觉悟，培养良好的行为习惯。同样，只有抓好智育，让学生进一步掌握有关生理卫生方面的知识，懂得体育锻炼的目的与要求，才能进一步搞好体育。

总之，在实际工作中，我们要正确处理德、智、体三者的关系，使它们相互联系，相互促进，竭力避免和防止它们之间的相互干扰和自身的破坏；要从实际出发，有所侧重，不能一律要求。这样才能使学生在德育、智育、体育几个方面生动活泼地、主动地得到发展，才能提高我们的教育质量，才能多出和快出人才。

（选自《段力佩教育文集》增订本，上海教育出版社 1989 年版，第 9—10 页）

学生思想教育随笔八则

一、要发挥主导作用

课堂里，教师正在好心好意地对一个学生进行教育。但是这个学生非但不听，反而顶撞起来。教师在盛怒之下，责令学生离开课堂；而学生也在激动之下，来一个违抗命令，甚至出言不逊。整个班级学生都在看热闹，他们对这场僵局的反应是哄堂大笑。教师骑虎难下，气得丢下书本，说一声"我不教了"，于是不终场而下。

但是，到了次日，课还是要去上。因为问题没有解决，教师的困难就更多了。

其实，双方都在怒发冲冠，就难免发生"顶牛"的局面。但教师必须发挥主导作用，不能和学生针锋相对。当时只要冷静一些，批评了几句就不妨"煞住"，安详地为全班同学把课上完，到了下课之后，再把这个学生叫来，个别地和他谈，"当时我为什么要批评你？""你的态度好不好？"那时学生也比较冷静了，就会较好地接受教师的批评。

教师要发挥主导作用，就不能和学生一般见识；两个人都发火，结果就会"顶牛"。教师思想上如果有充分的准备，估计"热处理"不行时来个"冷处理",那么就能留有进一步教育的余地。

二、体贴家长的心情

家长总希望自己的孩子好的。他们有时会找教师诉说自己孩子的不是,甚至咬牙切齿,狠狠地把孩子骂上一通。但教师应该懂得:家长当着教师的面骂孩子,是出于迫切希望老师把他的孩子教育好,同时也想从教师的谈话中得到对他的孩子的一些期望。如果在这个时候,家长从教师的回答中能够听到孩子的某些好的地方,他会感到安慰,表示感激,从而答应教师的要求,和教师紧密地配合。如果家长从教师的回答中听到的全是他的孩子不好的方面,那他就会下意识地产生反感,怀疑老师对孩子有成见,因而采取与教师不合作的态度。

教师在家长的面前,必须首先肯定或强调他的孩子的某些好的方面。

三、借用外力

当你对一个孩子进行教育失效时,你可以研究一下:这个孩子比较信任或比较佩服的人是谁,以求得这位关键人物的帮助。有一位班主任对某个学生的教育失败了。当了解到这个孩子最尊敬的人,是在外地工作的他的爸爸,这位班主任就给他的爸爸写了一封信。信的主要内容是向他的爸爸汇报他的情况,并说明自己对这个孩子已经感到无法进行教育了。然后,班主任把这个学生找来,对他说:"我现在写了一封信,准备寄给你的爸爸。我先来读给你听一听,征求你的意见:这封信要不要寄出去?如果不寄,那么我又怎样来教育你呢?"

孩子听完了信的内容,很不好意思。他吞吞吐吐地央求老师不要把信寄出去,还表示自己一定改过。

后来,这个学生果然逐步实践了自己的诺言。这是因为孩子们在自己敬爱的人们面前，是不愿意暴露自己的弱点的。

当然，如果这位班主任真的把这封信寄了出去，倒反而可能引起学生的反感，甚至产生"横竖横"的想法，那时教育就要更困难了。

四、把学生吸引到家里来

学生如果能到教师的家里去一次，常常会感到很高兴。教师把学生吸引到家里来，可以增进师生之间的感情。当然，教师应当主动地邀请学生，每次人数不要太多。到了家里可以随便一些，不妨让自己的子女或弟妹等和学生们一道玩玩，也可以让学生协助做一些家务劳动。就在这个时候，教师有意无意地谈谈班级工作，谈谈学习情况，大家交换交换意见，任务就交下去了。用这个方法，不但会收到意想不到的好效果，而且学生的印象深刻，会终身不忘。

学生到教师家里来，和老师接触，属于访问性质，是一种私人往来。在随便交谈中对学生提出一些要求，他们接受起来就更自愿了。

五、"你都对吗?"

教师常常为这样一种情况深感头痛：两个或两个以上的学生发生了纠纷，公说公有理，婆说婆有理，各持己见，争吵不休，教师无从判断。如一个学生哭诉着另一个学生打了他，对方马上打断话头，说"你先打我"或者"你先骂我"，就这样纠缠下去。

教师大致可以掌握这么一个过程：叫一个学生先讲，再叫另一个学生讲，让他们争论一番；然后，对那个比较强词夺理的同学说："你都对吗? 你没有错吗?"他必然不敢立即答应，迟迟地回答不出，最后，他会有气无力地说："我也有错的。"你紧接着追问："你错在哪里?"那时，他会老实起来，你就可以作出公平的判断了。

学生们闹纠纷，总是双方都有一些问题（当然有一方要负主要的责任），在说理时都会理直气壮地诉说对方一番，却不谈自己的不对，也可能是因为还没有意识到自己的问题。老师向他提出了是不是什么都对、毫无错误的时候，他就会冷静下来，自觉地检查自己的不是。

六、敢于同情犯错误的学生

偷窃，是人人厌恶的。学生偷了东西，教师是绝不肯原谅的。但是，当你查明了一个学生偷了别人的东西，你能不能首先同情他呢？你可以安详地对他说："我不怪你。你是缺少这个东西或者爱上了这个东西。但这总不是好办法，弄得你天天疑神疑鬼，一不留神就会露出马脚，多么难过！也难怪你：东西在引诱着你，你控制不住了，偷了吧——这一念之差，就此犯了错误！不劳而获，损人利己。你想，人家偷了你的东西，你会怎样呢？好吧，把它改掉！以后，万一控制不住自己的时候，又偷了，就来告诉我，我们一道来想办法把它改掉！"

与此同时，教师把班级集体发动起来，让强烈的集体舆论对偷窃行为大加挞伐。但不一定对偷窃人进行惩罚，也不应该对他有所歧视。教师还应该经常关心他，找他来谈谈，问他缺少什么，自己能不能解决。关心他，也就是监督他，帮助他恢复青少年的天真。

有人会问：这样做是不是太宽了？不会的。大家深恶偷窃行为，是主流。对偷东西的人虽然很宽，但他已经承认错了，这样对大多数人也是一种深刻的反面教育。

对偷窃者进行惩罚不难，但如果不加教育，则偷窃如故，反而会使案情越来越隐蔽。因此教师要敢于同情这种学生，帮助他们消灭偷窃行为，及早恢复青少年应有的天真。

七、要会得转篷

当你对一个学生进行批评或给予处分的时候，他可能表示完全接受，也可能表示不服帖，甚至抗拒。

如果他完全接受了，你会表示满意，再噜苏几句收场；如果他不服帖或者抗拒，你会感到恼怒，但又说服不了，下不了场。

在下不了场的时候，能不能征求一下他的意见呢？你甚至可以对他说："我刚才说的某些话应该修正一下，也许委屈你了，但我是多么希望你好呀！"学生觉察了你迫切希望他进步的心情以后，他就会感动地开始接受你的教育了。

如果他完全接受了你的批评，甚至对他的处分也完全接受了，这时候，你就应该对他说："我对你的批评过分一些，你没有意见吗？你这样很好。"对他的处分，可以减轻一些，或者就干脆撤销，只打雷而不下雨，只要是达到了教育的目的，又有什么不好呢？

也有这样一种学生，他总是满不在乎地接受你的批评或处分，这种"虱多不痒"的现象表明批评和处分对他已经没有什么帮助了。在这种情况下，教师要采取更适宜的办法；如果这种情况下还不会转篷，可能会显得被动。

教师会得转篷，就能使学生的心理状态来一次迂回，让细水得以长流，收到更深远的效果。

八、挫伤和鼓舞

教师在不得已时，对学生进行较严厉的批评，甚至惩罚，这是必要的。批评或惩罚有它的积极作用。但是，学生在刚刚受了批评或惩罚之后，消极情绪会更多一些。特别是青少年的感情比较脆弱，有时经不起批评或惩罚，发生意外也是有可能的。因此，教师这时候要密切地观察他的动态，最好在他回家之前，诚恳地并比较实在地给他一番鼓舞和安慰，以增加积极因素。

记得曾有一个女学生，因考试作弊，班主任把她的成绩作为零分处理。这个学生因为自己程度不好，本来一直苦闷着，班主任并没有考虑到这一点，简单地扣了她的分数，就让她回去了。我知道这件事情，已经在晚饭之后，就找这位班主任一同讨论。他决定当晚去访问这个学生，并且和家长妥善地谈了一次。这样做了之后，这个学生在以后的学习中，发展还是比较正常的。

我们把学生挫伤了一下，是有意识地堵住了他已经走错了的道路；但是，也要帮助他看到另一条正确的道路，而且让他看到这条路上有人正在向他善意地招着手。这样，对他的帮助就大得很；反之，如果仅仅只知道用力地去"堵"，那么，就有可能产生不良后果。

（选自《段力佩教育文集》增订本，上海教育出版社 1989 年版，第 54—59 页）

对调皮学生的教育

我常常听到一些教师的诉苦，说自己班级里几个调皮、捣蛋的学生，真是没法教育。个别教师认为只有把这几个学生调走，他的班级才会好起来；有的教师甚至埋怨领导不肯开除这些学生。

就整个学校或班级来说，调皮捣蛋的学生一般总是占少数。但是，如果不把这少数学生教育好，整个班级的教学秩序和教育质量便会受到影响。造成少数学生调皮捣蛋的原因很多，又很复杂，因此对他们的教育也就需要有的放矢地进行。根据这些情况，教师们焦急的心情是完全可以理解的。而且，绝大多数教师都希望能把这些调皮学生教育好。

但是，这些所谓调皮捣蛋的学生能不能教育好呢？怎样才能教育好呢？我个人认为，这些学生是可以教育好的，教育工作者必须树立这个信心。有了这个信心以后，才不至于产生把他们调走的想法，才会想方设法采取积极的措施。那么怎样努力呢？首先要改变讨厌和歧视少数调皮学生的思想感情，从心底里去爱他们，了解他们。然后，在教育方法上加以改进。

事实上，只有教师无微不至关心这些学生，和他们建立亲密的感情，使他们感到教师待他像亲人一样的温暖之后，对他提出教育要求才能有效。在教育方法上，要根据不同的对象和不同特点，采取灵活的措施。而培养学生的爱好，使他们充沛的精力得以正当地发挥，是教育方法上一个比较重要的方面。记得我在教养院工作时，那是在抗日战争时期，有些孩子喜欢打"菱角"，我就和他们一起研究打"菱角"的技术，再逐步引导他们学扔手榴弹；有的孩子喜欢捉迷藏，我就边玩边讲新四军的故事，从捉迷藏这个游戏中，教他们如何隐蔽自己、打击敌人。在活动中进行抗日救国的思想教育，同时也在不知不觉中解决了调皮学生的教育问题。后来其中有一些调皮学生走上了抗日战争的火线。在育才中学工作时，我曾针对有些学生喜欢看神怪武侠小说这个特点，向他们开讲《西游记》，在有声有色的故事中灌输了正确观点。这样做了以后，学生要看什么小说就会主动和我商量。

在深入地了解和观察学生以后，对他们的点滴优点都加以发扬，鼓励他们争取进步，也是一个有效的方法。记得我曾经碰到这样一个孩子：整天哇啦哇啦地喜欢瞎扯，他不怕做事情，只怕谈正经，一谈正经事不是睡觉就是捣蛋。我就抓住他喜欢做事这一点来表扬他，向他诚恳地提出要求，不久他就变成为大家喜爱的人了。当然在发扬学生的优点时，也不能忽视严肃的批评，但在批评的同时也应指出前进方向。

排除个人主观成见，毫不偏袒地处理学生之间的纠纷，做到以理服人，以情感人，公正合理，可以消除调皮学生对教师的对立情绪，从而引导他们对教师的信任和听从教师的教育。如果教师在处理纠纷时，由于从个人的感情或印象出发，或是对纠纷的前因后果了解不清，而使他们受了委屈，他们自然而然地产生"反正都是我的不是"的想法，更加不能达到教育的目的。

对调皮捣蛋或犯错误的学生，能不能加以适当惩处呢？我认为必要时给予一定的惩处，也是一种教育的手段，是有积极意义的；但是，对学生惩处过多，甚至滥施惩罚，那无疑是不适当的，与我们的教育方针也是背道而驰的。如果对一些犯了错误的学生，经过分析，认为还是不给予惩处有利，那就尽可能不给惩处。这会不会引起学生的错觉，产生犯了错误也不要紧的想法呢？其实，不会如此，我们应该看到绝大多数的学生是要求进步的，这是主流，应该紧紧掌握这一点。若轻易滥用惩罚，则不但不会引起学生的警惕，反而会伤害学生的自尊心。

（选自《段力佩教育文集》增订本，上海教育出版社 1989 年版，第 67—69 页）

加强守则教育，培养学生良好的行为习惯

"学生守则"是根据党提出的要把学生培养成为德智体全面发展、有社会主义觉悟的、有文化的劳动者的培养目标来制订的。它是学生应当具有的基本的行为习惯和品德规范的准则，也是教师衡量学生、教育学生的依据。抓好了学生守则教育，能使广大学生培养良好的行为习惯，形成好班风、好校风，很多工作便能事半功倍。

学校领导对学生守则的教育应该非常重视，花力气抓好。我体会，这一工作一定要发动全体教师一起来做，只靠少数人不行。学校领导必须统一教师的认识，明确贯彻学生守则的重要意义。开始，教师对衡量学生的标准各有理解，看法不统一。如有的仅仅以学生的学习成绩为准，只要功课好就是好学生；有的认为只要热心为大家服务，积极参加集体活动就是好学生。没有统一的标准和要求，就会各行其是，这样不利于培养学生德智体全面发展。教师统一了思想，齐心来抓，就能形成好班风、好校风，培养出更多的"三好"学生。为了对学生进行守则教育，学校要充分运用黑板报、广播台、团刊、队报等宣传阵地，大造舆论，宣传执行守则的积极意义，使全体学生思想上重视，行动上积极

贯彻。在宣传贯彻执行学生守则的过程中，还要广泛宣传好的班级与个人，新风尚、新气象，使全校形成人人执行守则，事事贯彻守则的良好气氛。学校领导还应该深入班级，亲自动手，抓好试点，做出成绩，树立榜样，以点带面。

在开展学生守则教育，培养学生良好的行为习惯的过程中，要十分重视启发学生的自觉性，使学生认识到成为一个"三好"学生是光荣的，是党和祖国对青年一代的希望。学生的思想觉悟提高了，便会迸发出很大的主动性和积极性。同时，也要重视统一学生对守则的认识。因为学生对学生守则的看法是很不一致的。那些学习认真、关心集体，各方面表现都较好的学生，认为守则为自己指明了努力方向，要通过自己的努力，更上一层楼。但是还有不少学生，对守则教育的积极意义还缺乏认识。有的认为守则就是守纪，只要遵守纪律，便是遵守守则了。一些表现比较差的学生，有的感到守则是一种约束力，今后不能像过去那样自由了；也有的表现出无所谓的样子；还有的则认为守则是学校对付他们的"紧箍咒"，不得不遵守，但要求不高。针对学生的情况，学校领导与教师要积极地组织座谈会、故事会、报告会，以及通过个别谈心、访问等活动，深入发动，反复教育，让所有的学生都认识到应当怎样对待守则，应该做什么，不应该做什么，造成集体舆论。学校可以运用各条战线上的英雄模范人物的动人事迹，来教育和激励同学；也可以树立本校的典型与榜样，包括平时表现比较差，而在这些活动中有明显进步的学生，随时给以发扬，以便在全校形成一种蓬勃向上、大家遵守的良好气氛。在整个班级、全校积极向上的环境里，经过耐心帮助，原来表现较差的同学也能迅速地转变过来。

学生守则的教育和贯彻不能靠一阵子，而要靠长期、经常地抓。因为学生好的行为习惯的培养，要有一个过程，必须反复教育方能坚持巩固。要善于发现学生日常生活中暴露出来的问题，有的放矢地、区别轻重缓急地进行具体条文的教育。教育的方法主要是进行正面的教育，也可抓住一些学生品德行为中的具体事例，发动学生对照守则，集体讨论，从而分清是非，提高认识。

在守则教育过程中，教师和学生干部以身作则十分重要。应当要求他们经常以自己的模范行为影响广大学生。另外，也可以建立各种各样的检查督促制度，开展"流动红旗"等评比竞赛活动，借以促进教育活动的发展。总之，只要学校领导重视学生守则教育，并且坚持不懈地抓下去，一定能收到良好的效果。

（选自《段力佩教育文集》增订本，上海教育出版社 1989 年版，第 51—53 页）

特殊学生需要特殊教育措施

由于林彪、"四人帮"的十年破坏，一批青少年学生中毒、受害较深。他们打群架、偷东西，还严重地干扰破坏学校的正常教学秩序。他们是一批特殊的青少年。特殊问题应该采用特殊的解决办法。为此，我们学校为他们开办了工读班，加强对他们的管理、教育、挽救与帮助。实践证明，我们普通中学举办工读班是一个行之有效的办法。

工读班针对学生坐不定的特点，采取亦工亦读的方式。"工"是培养他们的集体观念、纪律观念、法制观念以及正确的劳动观念、劳动态度，提高他们的思想觉悟，转变他们的思想感情；教他们懂得怎样做一个人，人活着为了什么，去除身上沾染的不良习气，让他们恢复青少年应有的朝气。"读"是组织他们参加文化补习，从实际出发，提高他们的文化程度。学校的工读班有别于市、区工读学校。市、区工读学校的学生，一般都有较严重的违法犯罪行为。我们的工读班不请公安人员参加。

工读班老师把班级教育与个别教育有机地结合起来，立足于"争"而不是"整"，立足于"拉"而不是"推"。通过半工半读进行深入细致的思想教育，把这一批中毒较深的青少年教育过来。半年来，我们先后收容教育一批学生，运用感化教育、明辨是非讨论会、英雄榜样宣传与学习、参观访问等多种教育手段，把严格的纪律教育、行为训练和耐心细致的思想政治教育结合起来，启发诱导，引导他们谈清问题，分清是非，弄清思想，摒弃恶习，树立信心，重新做人。经过教师动之以情、晓之以理、导之以行、持之以恒的教育与转化工作，工读班学生的面貌起了明显的变化。他们在社会上没有再作过一次案，不再打架和破坏公共场所的纪律。相反，曾先后多次受到学校、公共体育场所、电影院的表扬和鼓励。这批学生刚进工读班时，语文、数学只有小学二、三年级程度，现在已提高到初中二年级或小学毕业程度，初步培养起学习的习惯、兴趣与积极性。期末考试，政治、语文、数学、物理、化学等六门功课平均成绩都在及格线以上，最高的成绩达九十三分。他们劳动认真，积极肯干，初步掌握了木工活的操作技术，在学校基本建设中成为一支生力军，受到了学校总务部门的欢迎。还有一名工读学生被评为校级"三好"积极分子，光荣地被邀请出席市"学雷锋争三好"的积极分子代表大会。家长们看到自己子女的进步、提高和转变，感到非常高兴。有的家长说："过去为了这个孩子，我是上班担心他不上学，晚上又担心他溜到外面惹是生非。现在我的孩子进了工读班，看到他的进步与转变，我是上班放心，下班定心，晚上安心。"不少工读班学生看到自己的进步，听到老师、家长的表扬，纷纷表示一定不辜负党和学校领导、教师、家长的期望，沿着"三好"方向加倍努力，做一个好学生、好青年。

普通中学开办工读班要注意几个条件：一是要有善于做后进学生思想转化工作的负责的而且肯花时间的班主任；二是要有根据学生知识实际进行因材施教的有教学经验的任课教师；三是要注意形成良好的班风，有计划地进行教育与转化工作；四是班级宜小不宜大，学生人数一般不要超过二十人，便于教育管理。办好工读班，不仅能转化后进学生，而且有利于整个学校教学秩序正常化，有利于大多数学生的教育。但是切忌把他们当包袱丢在一边，当作不可雕的"朽木"。只要我们功夫下得深，锲而不舍，那么，是一定能变废为宝，"歪脖子树"也能变直成材，成为我们建设四化的生力军。

（选自《段力佩教育文集》增订本，上海教育出版社 1989 年版，第 64—66 页）

思想教育要从实际出发

　　做好学生的思想政治教育工作，是塑造学生灵魂的工作，始终是学校的主要任务之一。我们要培养的是又红又专的建设"四化"的人才，决不能培养"持不同政见"的"蛀虫"。十年内乱，使不少学生对政治产生了"抗体"，表现为反感、厌倦。但是透过这些现象，我们应该看到青少年学生对追求真理还是积极的。当然，青少年学生的正确思想不会从天上掉下来，也不是头脑里固有的，而是要靠引导、教育。古人说，"骨曰切，象曰磋，玉曰琢，石曰磨。切磋琢磨，乃成宝器"。也是说的这个道理。再说，我们的学校领导、教师，也无一不是在党的教育下成长起来的，那么何况是青少年学生呢。所以我们一定要看到这项工作的重要性与学生的可塑性，切实加强对学生的思想政治工作。

　　我们要做好学生的思想政治工作，首先要分析学生所处的时代、社会环境以及他们受这个时代与社会环境的影响的情况，从而能更好地了解他们。事实说明，二十世纪八十年代学生的思想特点、思想水平、思想方法，与五十年代、六十年代的学生相比，已经发生了很大的变化。只有真正了解学生，教育工作才能有的放矢，对症下药，才能动人心扉。这就要求我们想办法，动脑筋，创造出一些符合这一代青少年实际的思想工作方法来。我认为，思想问题总是在个人接触具体的人和事物时反映出来的；它往往是片面的、割断历史的，从个人的好恶或某些遭遇、某些困难出发的。因此，进行思想教育的方式，首先应注意一定的场所。对学生来说，班会就是很好的场所，让他们各抒己见，畅所欲言，在这个过程中，联系过去，结合当前，既摆出问题，又相互交流，一起分析、研究，逐步引导到马列主义、毛泽东思想的基本观点上来，逐步统一思想，从而提高觉悟。这里，关键在于摆出问题。摆出了问题，引导就有了基础，共同学习、探讨也有了基础，比只讲一些政治语言、生搬一些回忆对比的方法，成效要高得多。

比如说，我们经常要使一些国内外大事家喻户晓，这也是我们向学生进行思想政治教育的一个重要内容。但是，在进行这方面工作时，我们往往采取照本宣科的一般化搞法，不大考虑学生的特点。这样搞，不能打动学生的心，不能起到应有的作用。因此，必须认真研究，根据不同的年级、班级，不同的学生，区别对待，运用他们所乐于接受的方式方法开展教育活动。

现在社会上有许多不良现象，如烫怪发型，穿喇叭裤，男青年蓄长发，戴"盲公镜"，听不健康的音乐等。这些现象要完全避免也是不可能的，我们也不必怨天尤人，而应采取积极的方法，引导学生学会运用马克思主义的立场、观点，分析产生这些现象的社会根源和思想根源，以及它的危害性，使他们对这些现象有一个比较正确的认识和态度，提高识别力，增强"免疫力"。一般情况下，少用或不用行政命令等强制方法。

思想政治教育工作一定要搞得生动活泼，搞得主动，要适合青少年的特点，不要成人化，要寓教育于各种活动之中。比如可以通过革命英雄故事会、新长征突击手报告会、革命歌曲演唱会、演讲比赛、读书活动、社会调查、参观访问等方式方法，把活动搞得丰富多彩、生动活泼而又有意义，有吸引力，而不是千人一面。每搞一样活动，一定要作好充分准备，争取最佳教育效果。

在思想政治教育中，要充分利用环境的教育作用。环境的感染，往往会起到潜移默化的影响。因此，学校应该创造条件，搞些陈列室、展览室，尽可能与各时期的宣传中心结合起来。

思想政治教育并非一定要花太多的时间，除了专题性的教育之外，常常可以结合教学来进行，即教书育人嘛。学生通过学习社会知识、自然知识，同时也受到政治和思想方面的教育，学生在汲取知识营养的同时，也汲取了思想政治方面的营养。但一定要注意利用教材内在的教育因素，而不能搞那种外加的、牵强附会的东西。例如，政治课讲的是政治常识，语文课的文章内容大多有褒有贬，给学生以教育；数理化学科则教给学生以科学的辩证的观点，征服自然、为人类造福的精神；历史学科使学生知荣知辱，爱国家、爱人民；地理学科使学生为祖国的地大物博、山河锦绣而自豪；而音乐、美术学科则使学生领受美和善的熏陶。总之，每门学科都有它的教育意义。

要使思想政治教育工作做得生动活泼、经常不息，就必须发动人人做思想工作。不能把思想政治工作仅仅看成是团、队干部和班主任的事，而应该把可以组织起来的力量都组织起来，共同做好学生的思想政治工作。学生和任课教师之间，常常由于互相了解等因素，关系有深有浅，感情融洽程度也不一。由同学生感情较好的教师来做学生的思想工作，常常能收到事半功倍之效。

总之，我们必须抓住学校的根本任务，改进我们的教育方法，充分发挥团、队、学生会等各个群众组织以及班主任、任课教师的积极作用，共同做好学生的思想政治教育工作。

（选自《段力佩教育文集》增订本，上海教育出版社 1989 年版，第 40—42 页）

要导中有禁

我国社会还处在社会主义的历史阶段，不可避免地残留着旧社会的痕迹和某些不合理的现象；何况，十年内乱留给我们社会的余毒还远未肃清；加上近几年来和资本主义国家交往的发展，也不可避免地带来了资本主义社会的某些腐朽东西。这些，对我国青少年的影响是很大的，必须引起我们严重的关注。

我们的学校存在于社会之中。要学生与社会隔绝是不可能的。那么，面对这些现象到底怎么办呢？我认为，应该由浅入深、从低到高地给同学以革命传统教育，理想前途教育，伦理教育，审美教育，辩证唯物主义观点教育和共产主义道德品质教育，让学生树立起正确的人生观与世界观，具有辨别是非的能力，辨别美丑的能力；教育他们观察、思考、辨析社会各种现象，得出正确的结论，从而产生"免疫力"。在这方面，不少教师已经做出了成绩，取得了经验。像培光中学冯恩洪老师，就是用疏导的办法来解决新时期学生的思想问题的。他运用电影《巴黎圣母院》中的菲比思和卡西摩多两个人物的对比，对学生进行美的教育。菲比思虽然美貌英俊，但是灵魂丑恶；卡西摩多外貌奇丑，可是心灵高尚。通过形象的对比，使同学懂得了什么是真正的美。当然，这并不是说所有的外国影片都能作为教材的。如小说《红与黑》，主题是反对封建的等级制度，是部有价值的好作品。我们的青少年由于对十九世纪的西方资本主义社会不熟悉，对风俗习惯不了解，容易从影片中接受某些消极的、色情的东西。青少年看了这样的电影以后，即使进行分析批判，也很难完全消除其毒素。

我们感到，学校在进行正面教育时，还应该制定一个切实可行的校规。校有校规，店有店规，厂有厂规，扩而大之党有党纪，国有国法。这样，全社会就能有法可依，有章可循了。不论"规"或"法"，都是导中有禁的，校规也不例外。我们育才中学的校规是：

一、坚持四化方向，树立远大理想。

二、讲究文明道德，时时注意修身。

三、爱护公共财物，注意公共卫生。

四、劳动服务光荣，艰苦朴素大方。

五、事事关心他人，对人要有礼貌。

六、身体健康第一，锻炼必须经常。

七、端正学习态度，主动勤奋好学。

八、敢于发表意见，敢想敢说敢创。

九、是非定要分辨，勇于改正缺点。

十、必须尊师守纪，形成好的集体。

以上十条是从各个方面对学生提出要求。同时，我们还明令了某些不许可，做到导中有禁，有禁有导。有了校规，从正面积极引导，老师言教身教，学生自觉遵守。对违反校规的，坚持教育为主，屡教不改的也给以必要的惩处，其目的也是教育。这样，经过一段实践，便形成了一个优良的校风，使学生健康成长。

（选自《段力佩教育文集》增订本，上海教育出版社 1989 年版，第 43—44 页）

找准问题　改进方法　提高效果

　　怎样加强对中学生的思想政治教育，提高教育效果，这是当前中等教育的一个极为重要的问题。这个问题，虽然大家都看到了，但是怎样才能解决得好，是值得我们探讨的。我以为，首先要找准问题，在此基础上改进工作方法。这样，才谈得上提高教育效果。

　　现在，思想政治教育的问题在哪里呢？一个问题，是把求知与提高思想水平的关系割裂了。另一个问题，是我们往往脱离了学生所处的社会环境与生活环境，在进行所谓的思想政治教育。思想政治教育没有与知识教育相互渗透，就做不到教书育人，收不到细水长流、潜移默化的效果。脱离实际的僵化的教条主义式的教育，往往产生"抗药性"，从而导致相反的效果。

　　此外，做思想政治工作的人，常常是在自己的思想没搞明白或没搞通的情况下，去对学生进行思想政治教育。这也是一个问题。自己的思想没有搞明白或没有搞通，自己就缺乏精神武装，怎么谈得上说清道理，去感动他人的心呢？精神不武装就很难把道理说清，道理说不清就很难疏导，就说不服人，更感动不了人。

　　现行政治教科书也存在一些问题。教材内容同中学生的生活实际、社会经验之间的差距过大。从这个方面讲，教材带有形而上学的味道。这样的教材将导致学生死记硬背，为学习而学习，很难帮助他们树立起马克思主义的基本观点，提高他们的思想政治觉悟。

从以上所述的存在的问题，可以看出要提高思想政治教育的效果，必须从以下几个方面改进工作方法。

首先，要处理好知识教育同思想政治教育的关系，也就是处理好各门学科教学同思想政治教育的关系。各门学科除本身的系统性外，学科与学科之间要互相联系，互相渗透。从总体上说，各门学科所阐述的，是人类多少年来积累起来的知识财富，这些知识体现着自然的社会的思维，也即社会发展的最根本的规律。让学生掌握这些知识，对于学生逐步地认识世界，逐步地形成正确的世界观和人生观，意义极为重大。有意识地将思想政治教育同各门学科的知识教育相互渗透，使知识教育同时又是求真理的教育、辩证唯物主义和历史唯物主义的教育、爱国主义的教育，思想政治教育的整体效益当然就极大地提高了。因此，我们要有合理的课程设置，通过深浅合度、分量适当的教材，让学生在探索知识的过程中，自觉不自觉地提高思想政治觉悟。当然，这个方法不是唯一的。由于形势是发展的，有时有必要集中进行一个阶段的时事政策教育。其方法是有领导地让大家畅所欲言，联系实际各抒己见，把问题摆到桌面上来。也可以展开争论，教师要在争论中用马克思主义基本观点对学生加以引导。

其二，重视和加强群众性的引导作用。请模范人物作报告以教育学生，这也是思想政治教育的一个途径。模范人物的献身精神，无疑是学生学习的好榜样。但必须注意到一个事实，不少学生会说，好是好，可我们办不到，可望而不可即啊。这是一个实际问题。我认为，可以以模范人物的精神为指导，去发现学生中间的先进事例、先进人物，通过表扬，把他们树为榜样。号召大家学习身边的先进，从而由近及远地、逐步地、扎扎实实地把模范人物的精神学到手。教育活动的方式要多种多样，并且要注意对活动的自觉性、活动的可行性，以及活动的纵的和横的联系进行研究，还要注意研究活动的收效和它的长远影响性，尤其是长远影响性。我们长期做教师的人，常碰到这样的事：有些学生当长期分别而一旦重逢时说某教师什么时候曾经对我讲的那几句话，对我影响很大，至今记忆犹新啊！这就是影响的长远性。我觉得教育活动不能只图一时闹猛，而要注意实际的长远的效果。

其三，做思想政治工作的人，首先要武装好自己。在学校里，对学生进行思想政治教育的是班主任、政治教师、课任老师、团队干部以及学校领导。这些人应该首先把自己的思想理一理，通一通，尤其是学校领导。自己理清了，搞通了，在精神上才能武装起来，也才能够和学生在一起，通过交谈，导之以理，动之以情，收到实效。我认为，对学生进行思想政治教育，教师一定要把自己摆进去，否则是不可能收效的。

（选自《段力佩教育文集》增订本，上海教育出版社 1989 年版，第 203—205 页）

谈谈中学道德教育的几个问题

当前，关于德育的问题很突出，这是必要的，因为多年来对道德教育的问题太忽视了，如再不抓起来，对培养下一代，对未来，危害太大。有几个问题值得探讨：

一、必须端正道德教育的指导思想

1. 常常听说道德教育是非智力因素，我认为这种说法不妥。多年来，我们照搬西方的智力投资，智力开发等名词，好像教育只以智力为代表，其实不然。我认为德育是知识性的，因为道德的问题必须通过认识来提高，认识就属于知识的问题，通过知识来认识客观事物，来认识社会的、自然发展的最根本的规律，从而逐步形成世界观、人生观。所以德育的问题同智育的问题是相互联系的。因此我们在谈培养目标时，一定要使下一代在共产主义思想指导下德智体全面发展。德、智、体三方面是相辅相成、相互联系、相互促进的，因此又必须明白智育离不开德育。

2. 道德教育必须以政治方向为核心。但仅仅是政治方向还不是道德教育的全部，在政治方向的指引下，必须明辨是非，分清美丑，树立我为人人、人人为我的思想。

3. 德育是有阶级性的。奴隶社会、封建社会、资本主义社会都是人剥削人、人压迫人的社会，尽管如此，有些人在这些社会中还是表现出人民性。如包拯他当官一生，就是除暴安良的一生，就是平反冤假错案的一生。岳飞精忠报国，率领岳家军痛打金兀术的侵略军。一颗精忠报国之心，是可歌可泣的。又如魏征直言敢谏，哪怕牺牲自己。而无产阶级的领袖就是在资本主义上海产生的，这些社会的人民性实际上就是阶级性。我们现在的道德必须坚持四项基本原则，反对资产阶级自由化，热爱我们中国共产党，热爱社会主义祖国。这就是我们的阶级性。我们必须站在工人阶级的立场来衡量我们的道德高尚与否！

二、今天我们道德教育的内容

1. 为什么我们要坚持四项基本原则？没有共产党哪来新中国？廿八年的斗争就是为了建立中华人民共和国。国家建设只有走社会主义道路，才能救中国。企图要中华人民共和国走资本主义道路就必然导致中国成为殖民地国家。蒋介石早就走资本主义道路了。我们过去的民族资本家也只是在第一次世界大战时各帝国主义无力过问中国时才形成的，但最终没有脱离帝国主义的手掌。

2. 必须学习贯彻马列主义毛泽东思想。有人说马列主义已经过时了，而我认为马列主义毛泽东思想核心是历史唯物主义及辩证唯物主义。历史是发展的，具体问题发生变化，但基本观点是指导一切的。世界上事物的变化终究离不开历史唯物主义和辩证唯物主义，实践可以证明这一点。

3. 必须理直气壮地反对资产阶级自由化。自由化只能是资产阶级的，资产阶级自由化是大鱼吃小鱼，是自由经济的反映。我们站在马列主义毛泽东思想的立场，我们就要讲人权、讲民主、讲自由。二十八年的斗争就是为了争取人权，争取民主，争取自由，历史的实施就可以说明这点；但我们的人权也好，民主也好，自由也好都是相对的。讲人权必须考虑到人民的权利，人民的权利是不能侵犯的；讲民主必须同集中结合起来；讲自由必须同纪律结合起来。那么人权也好，民主也好，必须立足于法制的基础上，法律面前人人平等。我们是真正讲民主，讲人权、讲自由的。而西方的民主是假的，是大鱼吃小鱼。

三、道德教育的方法问题

1. 关于理论与实践的问题，对道德教育问题由于没有很好考虑实践，只考虑大会听报告，小组学习讨论，虽然报告听得很多，讨论的次数也很多，但报告听完了，学习也经过好几次，往往好像是作为一项任务完成了，但思想并没有更好地解决问题。我认为报告是要听的，学习讨论也是要进行的，但是一定要明确提出要求，从实践中来检验学习效果，应该过一段时间，大家组织起来相互评议自己在这段时间的行为是否符合学习的要求。

2. 对学习一定要从人的实际出发，比如对高班的学生、中班的学生、低班的学生，如何学习，都应有不同的要求。内容深浅要适度，如对低班的要求，首先要求他热爱社会主义，热爱中国共产党，树立共产主义信念。我们必须从小就树立信念，先入为主，慢慢讲道理嘛！对中班要根据这信念提高他的理性认识。对高班在理性上要进一步提高，如理直气壮地反对资产阶级自由化，要使高班同学认识到，为什么理直气壮，如何理直气壮，为什么自由化是资产阶级的，同自由经济又有什么关系，等等。我认为要从信念培养习惯，我主张在预备班、初一学习队章，把政治方向、马列主义、毛泽东思想落实到队章中去，初二、初三学习团章，高中学党章。习惯成自然，不断提高认识。

3. 人的思想变化往往是潜移默化、细水长流的。对学生来说就体现在各学科的教学过程中。各学科是相互联系、相互渗透的。让同学们逐步认识自然规律，这是形成人生观、世界观的主要途径。

（原载于《中学教育》1989 年第 11 期）

论德育是首位

德育是首位，讲起来很容易，做起来却很不容易。德育的问题是人与人、人与集体、人与国家的关系问题，是人要求国家、世界走什么道路的问题。所以德育的问题是个世界观、人生观的问题，也是现在人常说的人生价值的问题。

从我们学校教育来说，我们的教育方针，是德智体全面发展，培养四有人才的方针。其中德智体是相应相成，相互联系，相互促进而发展的。长期以来，我主张：抓住智育这个关键，做到德育是根本，健康是第一，通过各学科的相互渗透，从而认识社会的自然的发展的根本规律，逐步形成正确的世界观，人生观。这个细水长流的德育教育必须和政治形势的波浪式的活动相结合。

关于学科相互渗透的问题，其中一个重点就是政史结合问题。多年来，我校的史地从初一升到高三，政治和历史就可较好地结合起来。历史是过去的政治，政治形势是历史的现实，如果结合好，那么，也可培养历史唯物主义的观点，探索未来发展的规律。另外，在各科中，一定要强化音、体、美的教育。这有二个作用：一是陶冶良好的情操问题，另一个是起脑力调节的作用，使脑力的疲劳得以消失。一般情况，对史、地、音、体、美不重视，那就谈不上德育是首位了。

江泽民总书记"七一讲话"，要求我们学点现代史、近代史以了解我们的国情，建设有中国特色社会主义。这实际上是指出我们德育的核心。1840年开始的鸦片战争，1842年《南京条约》，我们就开始沦为半殖民地半封建的国家，从此内战不休，战乱不停，老百姓过的什么日子？强者横行，弱者送命。我是清光绪三十三年（1907年）生的，没有共产党领导人民斗争，没有新中国，我哪会有今天的衣食住行的生活？历史的教育，国情的教育，就是对我们进行德育，使我们能够理解建设有中国特色的社会主义。

我们应该通过学习知道，我国已经三次从国情出发，作出有中国特色的战斗与建设。例如：第一次是采取农村包围城市的战略，建立起红色政权，当时斯大林就不理解并作出错误的指导。第二次是社会主义改造，取消了剥削制度建立了公有制。第三次是党的十一届三中全会以来以经济建设为中心坚持四项基本原则，坚持改革开放一直发展到十三届七中全会的十年规划、"八五"计划的发展社会生产力的十二条原则。如果不讲德育是首位能办得到吗?!

大家一定要十分警惕，一些垄断资本主义国家，为了要垄断世界，用和平演变来替代武装侵略。如果不提高德育的地位，我们对他们的渗透、演变，就不会有抵御能力。所以，我们只有把德育放在首位，才能抵御资本主义国家的和平演变阴谋。科技是第一生产力，我们以高道德来掌握它，我们科技工作者就是有理想有道德的工作者。

当然，对一个中小学生，要他们从现代史、近代史来了解我们的国情，就是从德育总目标出发，此外还必须遵守校规、社会上各项规则和法律。

现在我们是有计划的和市场相结合的商品经济，也是以公有制为主体的多种经营的商品经济，也就必须与全盘西化划清界限，与向钱看及拜金主义划清界限，还要与非意识形态化的淡化思想教育划清界限。

只有遵守以上的道德观念和应该遵守的规则、法则，我们才有真正的人权和人的自由。

我还认为德育是首位，要求教育工作者首先有师德，做到为人师表。在学校的党政领导和教职工，党政领导要组织教职工好好学习，共同提高，而不是谁做谁的思想工作。

我校思想工作委员会成员，既有教职工又有学生代表，它的用意是不要把德育仅仅看作是对学生的要求。从领导到教职工都把德育放在首位，这样进行起德育工作来，学生才会服服帖帖，德育效果才会大增。所以，师德问题是一个十分重要的问题。学陶的用意也在于此。师德素质提高了，德育首位就会扎实地贯彻了。

[原载于《中学教育》（学校管理版）1991 年第 10 期]

谈谈挖掘智力潜力

　　人脑，总是要反映外界事物的。人们把客观事物抽象出来而能物化了，这就是智力。被物化了的东西也就是知识。经过实践检验是正确的，这就是真知。真知是相对的。事物是不断发展的，知识也是不断发展的。学校用的教科书，只是编写了便于教学用的相对的真知。教学要想取得成效离不开教学过程中智力的发展与挖潜。

　　人们反映客观事物，要用感官来反映，要用手来试验，要用语言来表达，要用文字来记载。经过相互切磋、琢磨，在将客观事物抽象化的过程中，培养观察能力、想象能力、思维能力、记忆能力、实际操作能力，等等。因此，在主观之正确反映客观事物的过程中，外界的客观事物是智力的源泉，而智力的发展与挖潜，又要加强对人脑的训练。

一

　　事物的发展，是由低级到高级、由简单到复杂的发展过程，人们的认识也是随着客观事物的发展而发展的。人们不能超越客观事物的发展过程来认识事物。一般情况下，前一阶段的认识，一定是后一阶段认识的潜力。只有注意了这方面的潜力，再以新的认识来发展智力，人脑才得健康的发展。发展智力，必须注意挖潜，这就要注意循序渐进。

如果离开认识规律而讲高速度，不以认识的系统发展而求高求速，其效果会适得其反。过去那种不顾认识的发展规律跳跃式编写教材的做法，无视了学生智力的潜力，破坏了学生智力的发展，这是一个严重的教训，我们吃过大亏，应引以为戒。

从不知到知是一个认识过程。不知，是否有潜力可挖呢？有的。不论是幼儿、儿童还是青少年，接触了外界事物就会引起反应。例如，幼儿看一张图画之后，往往会自言自语；儿童看了一场电影，常常议论得很热闹；青少年做过一次实验，往往争论不休。如果老师要言不烦地给予点拨一下，他们会恍然大悟地掌握其中的科学知识，这就从不知到知了，这就是挖掘了智力的潜力。

从知之甚少到知之甚多也是一个认识过程。其中已知是未知的基础，也是智力的潜力所在。教师在教学过程中，只要引而不发，让学生在已知的基础上去探索新知，从而掌握科学知识的规律性，这也是挖掘了智力的潜力。

由浅入深，由表及里。有了浅，深就有了潜力；有了表，里就有了潜力。所以浅尝辄止，好高骛远，都难以挖掘智力的潜力，收不到智力发展的实际效果。

欲高须先低，求深须先浅，综合必须注意单一，单一必须注意综合，这是挖掘智力潜力要注意掌握的。承先才能启后，既往方能开来。注意学习的系统性，启发式教学才有依据。

二

学校中各学科之间的联系反映了客观事物之间的联系。学生从小学到中学，所学知识的系统性越来越强，知识的联系性也越来越多，如果顺着这个客观上规定了的路子来进行教学，一定可以获得好的教学效果。

各学科是独立的，只能是相对独立的。物理学科与数学学科之间的联系是很明显的。没有历史的知识，学好政治是很困难的。地理、生物与物理的联系，语言文学与各学科之间的联系，更是毋庸赘述的了。我们育才中学的初三年级，参加上海市最近的一次拔河比赛，对方是原初三年级留下来的补习班，身体都是较高大的；然而育才初三年级击败了他们，获得了全市冠军。什么原因呢？育才学生在练习中运用了物理学科的力学原理，用力得当而获胜了。可见，各学科之间的联系，如被抓住了，则各学科就能互相促进。

我认为：有关社会的、自然的最基本规律的最基础的知识，以及陶冶性情、增进健康的各门学科，到中学阶段，都应设置；而且多数学科，应从初一一直设到高三；像外语、体育等学科，应该每班每天都有。外语是语言，应天天接触。体育是健康活动，它体现着德、智、体的全面发展的要求，也贯串着美育的要求。在我们育才中学，生物、史、地、音乐等各年级都已设置，外语、体育等各班天天都有了。育才已把学制改为六年。

这样做，是否学制太长，课程门类太多呢？应该具体分析，如果各课按学科的性质来安排，考虑到各学科思维状况的不同，例如形象思维与逻辑思维的差异，语言的训练，记忆的训练，音乐、美术的欣赏和体育活动等等思维状况的不同，使课程之间达到相互调节，相互促进，学制延长一年，更有利于安排，这就不是增加学生负担，而是相得益彰。

我认为，不应该不管各学科的性质不同，而统统做一刀切地用 45 分钟一节课来安排；当然，学校上下课也应该有个统一的号令。我们是这样做的：上午两个 90 分钟，中间大休息 30 分钟；下午一个 90 分钟，下午 5 点钟以前是课外活动。90 分钟是这样安排的：上午第一个 90 分钟的第一个课为 55 分钟，是逻辑思维较强的课，然后 5 分钟转课，放音乐唱片或唱歌，学生可以做轻微的自由活动；接着一节课是 30 分钟，主要是史、地、音乐、外语课，等等（数、理等课也有一次是 30 分钟的，外语等课也有一次是 55 分钟的）。上午第二个 90 分钟的第一节，同样是思维较强的 55 分钟课，5 分钟转课，第二节 30 分钟，同样是用作记忆训练，语言训练、艺术欣赏等课。下午第一节是 30 分钟，因午饭后大脑皮层较疲劳。然后 5 分钟转课，第二节为 55 分钟。我们试行下来，情况良好，特别是学生高兴。我感到：这个问题很具体，只有符合大脑活动的规律，才能行得通。强行规定，会影响教学秩序。

三

在反复学习中挖掘智力的潜力。因为人们对事物的认识，难以一次完成。好像吃东西一样，不经过细嚼，不可能真知其味；而生吞活剥，必然导致消化不良，不能吸收成为营养。从教学上来看，不经过反复，智力的潜力难以挖掘出来。那种专门赶进度的教学，往往质量不高。

反复区别于重复。反复中一定要包括新的东西。新旧是有联系的，温故要知新。比如推导，一定要注意从旧知新。从点推导到直线、到三角形；从有理数推导到无理数；从元素推导到化合，这都是从旧知新，在反复中深化。其次，在反复中要注意比较辨别。事物经比较就易辨别清楚。在反复中还要注意综合与分析。通过推导、比较辨别、综合分析，在反复中培养学生的思维能力、记忆能力、观察能力、实际操作能力等各方面的能力。

我还认为，教学过程应是一个探索知识和掌握知识的过程。要挖掘智力潜力，就应该进行教学方法的改革。我们通过试验采取的教学形式是：读读、议议、练练、讲讲。在我们学校里，教师对某些习题，往往只准备到两三种解法，而通过读读、议议、练练、讲讲，学生的解法就多出好多种。有一次对一道算题，议论出十种解法来。通过这样的教学方法，可以培养学生切磋琢磨、相互研究、敢想敢说、据理力争、争相说服的学风，而且从纵的方面把所学知识联系起来，从横的方面将各种知识结合起来。我们学校的实践说明：读读是基础，议议是关键，练练是应用，讲讲是贯串始终的。教师讲的作用，无非是引导、解惑和总结。教师的主导作用，是体现在学生的读读、议议、练练之中的。实践证明，这样的教学方法，对学生的智力发展与挖掘，其效果是十分好的。当然，读读、议议、练练、讲讲，必须根据各学科的特点来进行，也应该根据某一课的情况而变化。

四

要挖掘智力潜力，还须注意心理的共性与个性。如果只看到共性而看不到个性，则不仅不能发现人才，往往会埋没人才。在教育与教学中如果不注意个性，往往是强人所难，智力潜力不仅得不到发掘，反而会被扼杀。

所谓共性，主要是指儿童、青少年的年龄特征。不抓住共性，会导致个人的自由发展，就不可能有共同的培养目标。我们在注意共性的前提下，应该十分注意个性的发展。

我们采用了必修科与选修科相结合的办法，加上开展有领导的与自愿结合的课外活动，来发展学生的个性。必修科是现行的课程，它是体现社会的、自然的基本规律的基本知识，必修学科的各科分量应该低些，课时也少些，但要求消化的程度是高的。与此同时，通过观察学生对各门学科反映的情况，指导他们选修一、二门学科，选修科与必修科相结合，求得在选修科中将学生必修科所学的知识加以巩固、提高、扩大、加深，以适应他们个性爱好的发展。选修科一般从高一下学期开始。但是由于学生生理和心理的特征，我们也从初一起开设音乐、钢琴、小提琴、美术等选修科。学生的才智是多方面的，选修科也应多样化。尤其是要善于培养学生的技能。比如我们有个工读班，学生原来是"双差生"，但是这些孩子很有才能，给他们以电工、木工等技能的基本训练后，他们做出了颇为精致的书架、书橱，几乎成为学校的一支基建队伍。至于开展有领导的与自愿相结合的课外活动，我们学校的"数学之家"是很有效的。育才学校不仅有操场、图书馆等设置，而且还设置多样的陈列室、展览室等，这都是为了促进学生按他们的兴趣、爱好，自愿去开展各种活动。广泛的课外活动与课堂教学相辅相成，学生的智力可得到更好的发展。平常有计划地组织参观、访问、调查等，让学生接触实际，与课堂教学的内容相结合，有助于开阔眼界，启迪智慧。

当前挖掘智力潜力，我认为，千万要防止"题海战术"、加班加点、赶进度、拉长复习时间等破坏智力的做法；也要防止那种神童思想，不要让幼儿过早、过多地识字和算题，要考虑孩子们德、智、体全面发展，特别是要关心他们的健康。

（原载于《人民教育》1980 年第 10 期）

加强学校的体育工作

青少年处在长身体的时期。我们必须十分重视增强学生的体质，对他们的健康要求应该有个高标准。我校自开展教学改革以来，由于较为全面地贯彻了党的教育方针，减轻了学生负担，并大力开展体育活动，学生的体质有所增强。我们对加强学校体育工作有以下几点体会：

（一）首先要解决认识问题。毛主席说："我们的教育方针，应该使受教育者在德育、智育、体育几方面都得到发展，成为有社会主义觉悟的有文化的劳动者。"他还要求青年们成为身体好、工作好、学习好的"三好"学生。但是，过去由于我们学校领导没有把体育作为德智体全面发展方针中的重要组成部分来抓，往往是重视了德育和智育，而忽视体育。学生中，你说他思想不好，他要紧张；说他学习不好，他要跳脚；说他身体不好，他笑笑，不以为然的样子。这些认识问题，必须加以解决。但主要问题还是在学校的支部书记和校长，对体育重视不够。因此要搞好体育，首先要提高领导的思想认识，然后再向群众和师生进行宣传、教育。

（二）对青少年学生的健康要求应该高标准。党中央和毛主席指示，发展体育运动，增强人民体质，为生产劳动和国防建设服务。根据这个指示精神，对青少年身体健康的高标准是客观的需要。但是高标准和工作中的脱离实际，要求过高、过急不是一回事。轻视体力劳动是旧社会遗留下来的旧风气，现在已受到人们的鄙弃。但是，人们把"聪明"和"体弱"好像看作有必然的联系，不以为奇。像林黛玉这样弱不禁风的人，人们却很怜惜她的聪明才智；也有人认为体育是武的、粗的，不足取。其实体力和脑力是密切相关的，只有体力强壮的人，才能持久地发挥脑力的作用，才能吃得起大苦，耐得起大劳，才能更好地与天斗争、与地斗争，才能精力充沛地投入社会主义建设。

（三）人的体质是可以改造的。人的思想可以改造，人的体质也是可以改造的。怎样来改造体质呢？必须广泛地持久地开展体育运动。为什么有些青年神经衰弱，睡不着觉，记忆力差呢？一个重要的原因就是缺少体育活动。我和教师们经常讲：培养坚强的革命后代，是不能离开体育的。孩子们一般是要求参加体育活动的，而有些教师却并不喜爱体育。学生不重视体育活动，长久下去，问题就会暴露出来的。

（四）要有领导地开展体育活动。体育活动应该是经常的、普遍的、有计划的活动。学校应该加强组织领导，既要动员学生自觉活动，又要有指导；既要青少年的身体全面锻炼，又要注意力所能及，循序渐进，持之以恒，不断增强体质。只要安排好时间，内容多样，是能够做到人人参加的。现在我们学校每周安排了五小时的体育活动，这是规定的。三次早锻炼（早晨七至八时），学生自由参加。这样，每人每天平均活动一小时多一点。积极分子还可多一些，约一个半小时。学校还每周都组织体育比赛。这样是否会增加学生负担呢？不会的。现在和过去不同了，我们已经做到教学任务课堂完毕，课后的各项活动下午六时以前完毕。有劳有逸。课外作业没有了，学生锻炼时就没有思想负担了。

（五）加强体育活动中的思想工作。开展体育活动也是向学生进行思想教育的一个重要途径。通过体育活动，可以对学生进行共产主义风格、勇敢、机智、顽强、组织性、纪律性等方面的教育。当然，体育活动中的思想工作，只靠体育教师去管是不够的。领导本身要重视起来，并且发动班主任、团队组织一起来做。我们应该在党的教育方针指引下，有领导地把体育活动积极开展起来，加强体育活动中的思想工作，培养更多的德、智、体全面发展的接班人。

（选自《段力佩教育文集》增订本，上海教育出版社 1989 年版，第 138—140 页）

开展体育运动　培养精神文明

　　体育运动不仅能增强体质，调节身心，同时还可以培养体育道德，促进精神文明。

　　我们学校的传统体育项目是排球。我们常常举行校内、校际的比赛。其实，体育比赛的目的，是为了比技术、比风格，通过比赛，相互观摩，相互学习，相互促进。所以，比赛应该是友好的，而不是敌对的。这就提出了一个问题——风格。风格要高，姿态要高。但是球场上，两军相对，势在必争。如果教练指导思想不正确，必然会让锦标主义、风头主义抬头，甚至会出现投机取巧或野蛮的举动，这样就失去了比赛的意义。我虽然不会打球，但我往往身临现场，指导运动员发挥集体作用，互相配合，扬长避短，争取胜利。一个人有了点技术，如果只想个人去得分，逞个人英雄主义，那么打排球扣球，打篮球投篮，踢足球射门，总避免不了要常常失误。相反，不争个人得分机会，总是把球传给最有利的位置上的队员去扣、去投、去踢，那么得分率就会高，取胜的可能性就大；而且通过比赛能培养团结友爱、互相帮助等优良的体育道德。

　　另外，我看不管是足球、排球还是篮球，取胜的因素，除了上述提到的集体主义精神之外，无非是基本功好，跑得快，耐力强，技术熟。但要练得一身硬功夫，不是一件容易的事。"冰冻三尺，非一日之寒"。一定要持之以恒，长期地刻苦锻炼。一个学生运动员，经常参加比赛，久经沙场，还能养成沉着镇静、不屈不挠、勇敢坚毅、机智灵敏以及胜不骄、败不馁等良好的品质。

学生运动员经过教练的循循善诱，从事体育运动的指导思想端正了，不为锦标主义、风头主义等左右头脑，一定能在运动中表现出高尚的风格来。在赛场上与对手激烈竞争，但不会采取野蛮的行为来赢得胜利，也决不因为失败而恼怒去报复对方，而是能自始至终彬彬有礼，勇猛而不粗野，敢拼而不蛮横。

所以，学校抓学生体育运动不能单纯依据业务观点，教师、学生都要有正确的指导思想，这样，才能提高我们的中学生的体育水平，同时培养他们的体育道德与精神文明。

（选自《段力佩教育文集》增订本，上海教育出版社 1989 年版，第 136—137 页）

重视防近工作

　　预防近视眼工作，本来只是学校卫生保健教师的一项工作而已。现在，由于中、小学生近视眼发病率高，普通中学患近率一般占学生总数的百分之三十到百分之四十，重点中学大多在百分之五十以上，严重影响升学、参军、就业等项工作的质量。正是因为近视眼发病情况已明显地影响我们培养的人才的质量，就不得不使我们校长把防近工作放到学校工作的议事日程上，予以重视。

　　近几年，许多中小学采取了每天做两次眼保健操，定期检查学生视力状况，改善教室采光、照明条件，根据学生身高调整课桌椅高度等措施，做了不少预防近视眼的工作。不少学校还采用了推拿、点眼药水、针灸、近雾视法等治疗和控制近视眼的办法。既然许多学校采取了防治结合、以防为主的措施，花了不少力气，那么中小学生的近视眼发病率为什么还会急剧上升呢？

　　我认为，首先是因为一些学校领导、教师、学生以及家长，对防近工作不够重视，认为防近工作是可有可无的事，抓不抓无所谓，片面地认为升学率是硬指标，防近工作是软任务。有的甚至还错误地认为，"近视眼有什么要紧？戴着眼镜不是照样可以工作好？"有的还振振有词地列举某人戴着眼镜做出了成绩，某人戴着眼镜当上了专家、教授等等。于是我行我素，加班加点，题海战术，使学生不得不用一天的大部分时间埋头作业；有些学生下课也不休息，忙于准备下一课的内容，不是读就是背，吃完中饭就伏案作业。这样大量的长时间的用眼，势必使眼肌疲劳，视力下降。其次，对防近工作的一些措施没有切实落实。如眼保健操是做了，但许多学生穴位与姿势不准确，用力不当，变得流于形式；不少学生的读写姿势不当，视距在一市尺以内，一些学生甚至只有二三寸。

我们学校这几年在减轻学生负担，保证休息时间方面狠下了功夫。我们在学制、课程、教材、教法上都进行了一系列改革，减轻了学生负担，提高了教学的效果；又由于高中恢复了三年制，学生学习时间比较充裕，学有余力，能够在学好必修课的同时，还有时间上选修课和参加各项兴趣小组活动。在课程设置上，除了各年级都开设了音乐、历史、地理、生物等学科之外，学校还增加了体育课的课时，做到每周六节，每天一节。这样，在注意发展学生思维的同时，又陶冶学生的情感，提高艺术素养，增强学生的体质。在课程表的安排上，学校打破了传统的每课四十五分钟"一刀切"的做法，代之以五十五分钟与三十分钟大小课交替安排，使得上午两节课后有半小时的较长休息时间，学生有更多的户外活动时间，使用脑与用眼的紧张程度得到了调节，有利于保护视力。此外，我们还初步做到书面作业初中年级课内完成，高中年级大部分在课内完成，回家做作业每天用时在一小时左右，保证学生休息和睡眠时间，有利于预防和降低近视眼发病率。

我们在防近工作中，注意发挥教师的督促作用。如，要求每个任课教师都学会眼保健操，以便在学生做眼保健操时能检查学生的穴位与姿势是否正确，加以辅导，保证眼保健操的质量。学生读书和写字时，教师还随时纠正不正确的读写姿势。学生养成不良的读写姿势后难以一下子纠正，教师应不厌其烦地一遍又一遍地去纠正。下课以后，教师应该把学生都"赶"离座位，去教室外活动一下，望望远，松弛一下紧张的眼肌。教师还利用家长会和家访等各种机会，向家长反复宣传防近的重要意义，争取他们配合，改善学生家庭的照明条件，督促学生控制用眼时间。教师对学生更是利用各种机会宣传预防近视眼的意义，启发他们防近的自觉性。我想，学校领导只要把卫生保健教师、班主任、任课教师、家长以及全体学生的预防近视眼工作的积极性、主动性发挥起来，就能有效地控制和减轻近视眼发病率。

（选自《段力佩教育文集》增订本，上海教育出版社 1989 年版，第 141—143 页）

开发智力和学校体育

现在强调开发智力，我十分赞成。但是如何开发呢？不解决健身问题，怎么能开发呢？德、智、体全面发展的要求，概括了人的成长规律。学校教育的关键在一个"育"字，离开了"育"字，那学校干脆关门。

德、智、体三育是相互促进、相得益彰的。革命的道德同健康的身体是分不开的，要勇敢、顽强、坚毅，没有强健的身体办不到。甘罗十二岁就当宰相，但是短命。今天提倡神童，是不是受提倡甘罗精神的影响？这种压力一直加到了幼儿园、小学一年级，连幼儿都有家庭作业。我可能是"杞人忧天"，经常忧虑这些小孩将来能不能成材。我呼吁大家不要摧残他们的身体和头脑，我也不赞成宣传神童。对这一点许多国家已经吸取了历史教训，下命令限制了。德、智、体三者是有联系的，快出人才，不能靠加班加点，死扣功课。没有体，德、智都将成为空话。

所以说，摆正体育的位置十分重要，而中学时期又是青少年成长的关键年代，我们一定要真正重视体育，要在学制、课程安排、教材合理化、教法科学化等方面进行合乎规律的调节。否则，学制短、教材多，学生一天到晚做作业，睡眠时间不足，昏头昏脑，还有什么智力可言呢？那不是开发智力，而是封闭智力，摧残身体。学校教育首先要考虑让学生有规律有节奏地进行学习生活。

我们学校在学制、课程和课时安排等方面，已作了一些调节：学制改为初、高中各三年（按：当时全国学制高中统一为二年），让学生的学习生活在时间上有回旋的余地。课程也作了调节，数、理、化、生、文、史、地、体、音、美，各年级都作了适当的安排，让各课之间相互推动。看起来学习年限长了一些，但实际学习效果要好一点，并且有利于减轻学生负担，使学生的身体能健康成长。课时安排根据各科性质和学生思维状况，作了适当调整，将原来的四十五分钟一节课，调节为五十五分钟和三十分钟长短两种。这样在上午能比以前多安排一个三十分钟的大休息，让每个学生都有机会到操场活动活动，有利于减轻学生脑力与视力的疲劳，有利于身体健康与智力发展。

我们还将每周六节体育课改为二节大课（每节五十五分钟）和四节小课（每节三十分钟）。小课在时间安排上和操练的要求上可以和其他知识课取得更好的调节，又为二节大课田径、球类等竞技活动打下体质和技术的基础。小课的内容一般是男拳女舞。拳或舞的动作人人必做，有利于体质的均衡增强，坚持经常很有好处。经过近一年的实践，我校女生普遍学会了三个舞蹈，掌握了自编的三套艺术体操的动作，还编排了一个简单的男女联合集体操。经测定：女同学舞蹈和艺术体操锻炼，平均运动指数可达 1.6—1.7，运动密度可达 40.5%—41.67%；男同学拳术锻炼，运动密度可达 30%—32%，运动指数为 1.8—2.2。男女同学分别达到了相当大的运动量。这种运动量虽大，但它不是很猛的、爆发的或带有拼的性质的运动量，而是柔和的、缓慢的运动量，有利于逐步地均衡地增强体质。实施了每周六节体育课，学生的身体素质有了较大的提高与增强。目前，我校学生身高、体重、胸围、肺活量、脉搏等五项形态、机能均数，与全国及上海市同年组均数对照，有四项超过了市与全国的均数记录。

在运动项目中，过去学生的薄弱环节，是力量、速度、耐力三项，现在均有提高。从力量看，投掷铅球，高二女生平均增长 0.92 米，高一女生平均增长 0.32 米，高一男生平均增长 0.36 米。从速度来看，100 米跑速度，高二男女生各平均提高 0″54，初三男生平均提高 0″5，初二男、女生各提高 0″3。从耐力看，以女子 800 米跑为例，高二女生平均提高 41″，高一女生平均提高 11″1，初三女生平均提高 25″。男子 1500 米跑，高一男生平均提高 10″，高二男生平均提高 3″。

学生饮食起居也要安排调节好。有一天我下厨房听到两个女学生在嘀咕："又是青菜，天天青菜。"我说："我吃青菜吃了七十多年，青菜有维生素和植物纤维，能防癌症。"她们笑了。当然，作为学校的伙食房，对菜的配置，应多从营养方面考虑。当然，也不能只讲营养，不讲生活规律。现在上海大部分人家有了电视机，孩子们晚上看得很迟，做爸爸妈妈的应该把孩子的生活安排得有规律。睡眠八至九小时，这是不花钱的营养。此外，文化娱乐生活也要有个调节。学校没有文娱生活怎么行呢？学习同音乐、美术的关系要做些调节，这都同体育有密切关系。作为校长，不管好这许多方面，仅仅讲体育如何如何重要，只不过是一句空话。

另外，体育锻炼一定要持之以恒。这是培养意志、毅力，也是培养基本功的最好办法。每天设一课，再加广播操，每天平均超过一小时。如果班主任指导得好，长期坚持，学生在家里也坚持锻炼，三百六十五天每天坚持不断，这样，持之以恒，数年之后，必有收获。学校体育还要注意照顾所有的学生，在大面积的基础上考虑拔尖。因为人总是有差异的，如果单纯抓少数人，为学校争光，装饰门面，那就不是搞体育了。在训练上也不能过于疲劳，超过一定的运动量，过量训练是有害于身体成长的。现在学校里有两个拔苗助长：一是在开发智力上，一是在体育运动上。这都是不对的。一定要循序渐进，采取各种措施，做到"健康第一"，以利于学生开发智力，快出人才。

为了进一步促进体育卫生更好发展，我们还调整了体育卫生组织，把卫生保健教师选为体育组成员，并且让他担任副组长。这样，体育与卫生两项工作更协调了，既有利于学生的体育锻炼，也有利于健康卫生，相互促进，保障了学生健康成长。

（选自《段力佩教育文集》增订本，上海教育出版社 1989 年版，第 130—133 页）

优育卫生结合好处多

　　学校的体育、卫生工作，是相辅相成，不可分割的。发展体育运动，是为了增强学生体质，搞好卫生保健，是为了保护学生的健康。两者的要求、内容不同，但目的却是一致的。我们育才中学为了做好学生的体育、卫生工作，成立了体卫领导小组。任命卫生保健教师为副组长，以便卫生保健教师能从运动生理学与运动卫生学的方面，加强对学校体育卫生和医务卫生的监督和指导，使体育卫生工作科学化。

　　我校的体育教师与卫生保健教师，不仅经常在教研组的会内、会外探讨体育卫生工作，而且经常一起检查体育运动器械，测定体育课的运动量与运动密度，做好学校各项体育卫生工作。体育教师编写教材、备课时，卫生保健教师主动当参谋，积极提供学生健康情况和卫生资料，协助体育教师对学生按体质强弱等差别因材施教，并从运动生理学与运动卫生学的角度进行指导和帮助，共同研究体育课的科学教学法。经过体育与卫生相结合的实践，初步摸索出六条适合我校实际情况的体育教学原则：1. 坚持经常锻炼，持之以恒；2. 坚持循序渐进，量力而行；3. 坚持全面锻炼，提高身体素质；4. 坚持根据学生的性别、年龄、生理、心理、健康、技术等各种情况因材施教；5. 坚持适宜的运动密度和运动量，防止运动量过大或过小，影响上、下节课和学生的健康。

我校体育教师上课，卫生保健教师在操场看课和测定学生运动密度和运动量，与体育教师研究改进教学方法。两年多来，卫生保健教师在操场看课抽样测定了160余节体育大小课，探索出比较适宜学生实际的体育课生理负荷和密度标准，改变了过去由于运动量过大，影响下一节课的矛盾。

我校的卫生保健教师和体育教师还相互配合，深入班级对学生进行体育知识、青春期卫生、运动生理、营养卫生，以及防止运动损伤，预防疾病、近视等体育卫生知识教育，使学生懂得了锻炼身体的科学方法，培养了良好的卫生习惯。

体卫结合的另一项工作，就是体育教师与保健教师一起检查运动场地与运动器材，发现损坏及时进行维修，避免了重大体育伤害事故，保护了青少年学生的安全与健康。

（选自《段力佩教育文集》增订本，上海教育出版社1989年版，第217—218页）

让高中教室里响起嘹亮歌声

近年来，从初中升入高中的学生，音乐素养大都没有达到初中音乐教学大纲的要求。不少学生不识五线谱，甚至连简谱也不识，视唱能力、音乐基本常识和鉴别能力都很差。在现代社会，大众媒介传播工具非常发达，音乐作品可以通过录音机、收音机、唱片、广播、电视、电影、演唱会、音乐会等许多渠道，广泛地对学生产生影响。因此，学生的音乐欣赏活动，无论在时间上还是数量上，都应当超过他们的唱歌、演奏、创作等活动。随着高中学生的生活领域不断扩大和对音乐欣赏的需要的增长，他们迫切希望成为"知音"。但是，长期以来忽视对高中生的音乐教育，全上海几百所中学的高中年级开设音乐课的大约只占1%，绝大部分学生的音乐欣赏能力和对不同风格、不同流派的音乐作品的分辨能力较低。正因为如此，他们就可能受到某些低级、庸俗，甚至黄色的音乐作品的坏影响。

苏联著名教育家苏霍姆林斯基说过：音乐形象能促动人的心灵，陶冶人们高尚的情感，具有强大的感染力。我认为，音乐的重要性，决定了在各个教育阶段应当设置音乐课。小学、初中有音乐课，大学有音乐选修课，社会上青年也在接受各种音乐辅导。唯独在高中阶段成为薄弱的一环，这是不可思议的。因此，我要呼吁：应该让高中教室里响起嘹亮的歌声！

我们育才中学在高中的课程表里，每周安排一节音乐课。一位音乐教师深有感触地说："在每周 40 节课程中，设一节两节音乐课，从主课与副课的比例上看，是个减法，但从德智体美全面培养人才来说，却是加法。"

针对学生音乐欣赏能力较低的情况，我校把高中音乐课开设的基点，放在许多艺术性较强的中外古典与当代的优秀作品的欣赏上，并把欣赏与视唱、乐理知识相结合。多年的音乐教改实践表明，这种以歌唱为中心，穿插和结合音乐史、音乐理论、视唱等的做法，是一种理论与实践相结合的教法。例如我校的一堂音乐欣赏课里，学生一边听舒伯特钢琴弦乐五重奏《鳟鱼》，一边逐节在自测表上写出它的旋律、和声、节拍、节奏、音色、速度、调性、调式和形象联系等音乐知识和感受。过去只能用"好听""难听"来评价歌曲的学生，现在听了贝多芬第九交响曲中的合唱《欢乐颂》，经过 20 分钟的自由议论，就能写出一篇篇层次分明的分析音乐结构、主题的作文。由于学生的音乐审美能力提高了，当他们听到不健康的音乐，便会表示反感。这不禁使我联想到其他一些学校，学生升到高中，就"被歌声遗忘"了，而一些良莠混杂的流行歌曲，却在学生中传唱。我校实践的结果表明：高中开设音乐课，不仅能调节学生的学习生活节奏，而且更主要的还能陶冶学生的情操。

（选自《段力佩教育文集》增订本，上海教育出版社 1989 年版，第 213—214 页）

谈谈美育教育问题

　　我们的教育方针，是使受教育者在德育、智育、体育诸方面都得到发展。这是我国对培养社会主义新人的科学概括。而美育是贯串于德、智、体的教育之中的。

　　怎么来辨别美与丑？为什么对某些事物，有些人觉得很美，而有些人则觉得很丑呢？这是因为，美不但有自然属性，而且有社会属性；美的标准实际上是由历史的、民族的、地域的、阶级的诸因素所决定的。在战争年代里，那些浴血作战、前仆后继的英雄，像黄继光、邱少云、董存瑞等，他们的心灵，是多么的美啊！在和平年代里，像雷锋、张海迪，他们的心灵又是多么的美啊！心灵，就是情操；心灵美，就是有高尚的情操，有美好的品德。所以美的教育，最根本的在于培养人的高尚品德。

　　美育与德育、智育、体育三者的关系，既不能以德、智、体育替代美育，取消美育，也不能与德、智、体育割裂开来，甚至对立起来。应当充分认识并处理好美育与德、智、体育之间的区别和联系。我们中学的一切课程，都贯串美的教育。例如语文学科，我们以二分之一的时间教学自己编选的古典章回小说。初中学《西游记》《水浒》《老残游记》

《红楼梦》《三国演义》，都是围绕一个中心加以编选的，如《西游记》就以孙悟空大闹天宫为中心。再以二分之一的时间，一次（一节课）多篇地学统编教材，从而结合起来，联系当前的实际，加以评论。在这样的语文课中，美育的分量是很重的；而人物的形象、动作、心理和语言等经过评论，美丑的对比就更突出了。高中的做法也是如此：自编教材的内容，是司马迁《史记》中的列传，以及《战国策》，等等。再如数学科的图形，理化学科的观察和实验以及操作，生物学科中对多种多样千变万化的生命形态的观察与研究，等等，美育的分量也是很重的。从史地学科来说，祖国的锦绣河山，悠久的历史文化，众多的名胜古迹，丰富的自然资源，历代的英雄人物形象同奸诈人物的美与丑的鲜明对比，都可突出美育。在政治学科中，如讲到新旧社会的对比，我国社会主义的前景与资本主义社会的对比，共产主义为人民服务的思想与唯利是图的利己主义、资本主义的对比，也都渗透美的教育。体育科中的竞技，同时也是竞美；我校的男拳女舞，更是美不胜数！音乐、美术学科，更是直接的美的教育。我校除课堂教学以外，还有丰富多彩的课外活动，使学生的学习生活都浸透着美的熏陶。美育的作用是毋庸置疑的。

为了更好地对学生进行美的教育，我认为音乐课不仅在初中各年级要开，在高中各年级也要开；美术课同样也应如此。但是，现在的普遍情况是，一所中学，往往只有一位音乐教师，只有一位美术教师，这是不合理的。至于乐器的设备，美术模型的设备，一般学校也是少得很。这些情况应该引起教育领导部门的重视，尽快加以改善。

（选自《段力佩教育文集》增订本，上海教育出版社 1989 年版，第 221—222 页）

美育是德育的重要途径

美育涉及人的情操的美。促使人民在美的陶冶下，提高人的高尚的情操，这实质上是德育的问题。因此，美育，我的看法不是光让学生去欣赏、享受美的问题，应让他们在美的环境中陶冶情操，提高自己高尚的志趣，形成我为他人、我为集体、我为人民服务的高尚的道德观念。一个人到了流血牺牲的时候，感觉上当然是痛苦的。但有高尚情操的人，却往往有一种高尚的神态，如死得其所、视死如归等美好的人生寄托。《刑场上的婚礼》这个剧本，也就是一种美好人生观的体现。不应是为美育而美育。美的客观标准应该和陶冶人的高尚情操结合起来。客观的美与丑一定要与情操的美与丑、心灵的美与丑结合起来。今天你穿绿衣服是否美，明天他穿红衣是否美，非男非女的衣服是否美，还要靠人的心灵、情操来区别。长头发、板刷型发型美不美，要靠各人的心灵情操来确定。我们要赶上时代，那么服装上的时髦是否就是美？如果各种服装、时髦就是美，那么时髦是否就是赶上时代了？流行歌曲美不美呢？一些人能欣赏，另一些人却反感，又如何说呢？俗话说的"情人眼里出西施"也可说是实践中得出的带着普遍性的规律吧。美的标准同人们的心灵情操分不开的。事实是如此，抗战开始时，听到《义勇军进行曲》就热血沸腾，就准备扛枪上前线，这可以说是进步歌曲对人们心灵的陶冶。解放初，解放区歌曲吸引了好多人。这些丰富的解放区歌曲鼓舞人们战斗在民族解放的战场上。这又说明了音乐作用之大。在我们普通教育方面，我们把美育抓好，尤其把音体美抓好，实质是进行道德教育的重要途径。从这方面看，如何加强美育，历来在我们教育中是欠缺的。至今，高中无音乐、美术课，每天无体育课。一方面批评各校偏科，一方面在课程设置上由于偏重数理化，又把其他学科偏掉了。在这种情况下强调美育是落了空的。正因为这方面是落了空的，加上不注意思想教育的细水长流，集中一些时间进行教育时，又不从思想实际出发，导致思想教育是教条式、公式化的。应该讲在我们更好贯彻培养目标的过程中，不重视音体美教育是一个缺陷，甚而至于可以讲是一个错误。

什么叫美？美一定同好连在一起，叫美好。什么叫丑？丑一定同恶连在一起。美好与丑恶是相对立的。过去讲真善美，真是纯朴、大方、真诚，善一定要从我考虑到他人、集体，真正的善要助人为乐，要为人民服务，能做这样的真善，我们就美了。这个美可以就在发型上、服装上，从我们音乐上、歌曲上、体育活动上体现出来。这就是客观标准。反过来看，相对的是虚假、吝啬。丑是为了我不惜别人的痛苦，那就是恶的形象，也一定会从服装、歌唱、体育等活动之中体现出来。我们加强美育的要求，应该注意到在真善美与假恶丑之间划清一个界线。我们的求知到底为什么？过去，我们在求知中不注意美育，不注意真善美的教育。从历史上看，好多掌握权力的人，以至贪官污吏，大至奸臣，他们不一定没有知识，这些人的知识都被虚假、丑恶夺去了。我们现在要尊重知识，尊重人才，不能忘记其中还有美好与丑恶之分。我们尊重知识、尊重人才是尊重真知灼见、拥有正确的世界观的真正的人才。因此，我们要贯彻党的教育方针，培养德智体美全面发展的人才。而其中，美育是德育的重要途径。

现在各样初中年级音乐、美术课每周只有一节课。体育课六三制每周只有二节，四五制只有三节，这似乎太少了。我们学校音乐课从初一上到高三，体育课每天一节，并配以音乐。让学生在日常的音、体、美课中受到美的陶冶。之后在几千人的大会场，全校师生举行了一次迎旗活动。各班、各级师生放声歌唱，在队列整齐、步伐有节奏的嘹亮歌声中，接过国旗置放在各班教室中，每天上课前来一次升旗活动，多么庄严，多么美好。这种活动我们要持续下去，把美育作为陶冶学生情操、提高他们品德的重要途径。

途径如何开辟呢？美育的问题是一个艺术的总和。作为艺术，包括书法、绘画、音乐、舞蹈、雕塑、戏剧等，扩大到演算题目、写篇作文都有美的问题。我们要重视书法课、绘画课、音乐课，以艺术的广义性来扩大美感。只有这样才能把美术教育、艺术教育与文化素质提高相结合，来形成高尚道德，以提高政治素质。应从形象美、艺术美，提高到心灵美，只有心灵美才能区别形象的美、具体事物中的美。美育的目的是达到人生的真善，为人民服务，为四化献身。美育到头来是献身事业的教育。

（原载于《农垦师专学报》1989 年第 1 期）

必须重视劳动教育

我们要坚持让学生德智体全面发展，必须重视劳动教育。劳动教育不仅能培养学生的劳动习惯和理论联系实际的学风，而且也是对学生进行思想品德教育的重要手段，是教育学生热爱劳动、热爱劳动人民的重要方式，因此它是使学生德智体全面发展的一项重要内容。

劳动教育担负着教育学生树立为人民服务思想的重要任务。对学生进行劳动教育时一定要赋予"我为他人"的教育内容，使学生通过劳动，意识到一个人生活的目的是为人民服务。具体地说，比如脑力劳动为什么会被称之为劳动？画一幅画是为了什么？唱一支歌是为了什么？懂得 A+B=C 又为了什么？脑力劳动一般是个体的精神劳动。如果说个体的精神劳动不是为人民服务，那么这样的脑力劳动就失去意义。古往今来的脑力劳动的产物尚能流传至今，其原因都包含着"我为他人"这一重要因素，否则就不能称其为文化遗产。当然，我提出必须重视劳动教育的用意是指体力劳动。因为在目前，一般只注意学习文化科学知识这方面的脑力劳动，而忽视了体力劳动。而我们所培养的人，必须是脑力劳动和体力劳动相结合的人。在我国的奴隶社会、封建社会乃至半殖民地半封建社会，那些士大夫阶层总是轻视体力劳动，鄙视体力劳动，自命清高。因为有这样的历史原因，所以直至今天在人们的思想中还残留着轻视体力劳动的错误思想影响。这是一个严重的问题，绝不应忽视。

我们的学生学习的最主要的目的，是建设四个现代化的社会主义国家。我们的学校培养出来的人，应该是有正确的政治方向和远大的理想抱负的，通过这样的人来发展、提高我国物质文明和精神文明的水平。回顾我国解放前的历史，由于帝国主义、封建主义、官僚资本主义的压迫和统治，我们的国家成为半殖民地半封建的社会；同时，旧社会的知识分子都鄙视体力劳动，这也在一定程度上影响了科学技术的发展。所以学校忽视劳动教育，不仅忽视了科学文化艺术的发展，而且也忽视了培养学生当家做主人的思想。

如何开展劳动教育呢？第一，中等教育必须根据国家经济发展的水平以及教育与生产劳动相结合的原则，进行结构改革。这就要求有关领导部门加强规划，有所安排，要求开设多样的中专、技校以及各类职业学校，这样能够使中学生避免为竞争升学机会而影响德智体全面发展，能有计划地培养生产力。第二，各级学校应根据各自的具体情况，设置各种各样的劳动课，开设并办好为教学服务的校办工厂或农场，既能使教育与生产劳动相结合，又可以通过劳动培养学生为人民服务的思想。另外，还应积极组织学生参加学校的环境卫生劳动、厨房劳动，有条件的还可以组织学生到工厂、农村参加农业生产劳动。

（选自《段力佩教育文集》增订本，上海教育出版社 1989 年版，第 16—17 页）

教学的改进与变革

怎样提出教学要求

　　教师的授课计划中，都有一个教学要求，看来这不成其为一个问题。但是，怎样把教学要求提得恰到好处，却大有讲究。这是关系到教学计划能否实现的问题。

　　教师怎样提出教学要求？先要从教学大纲或教材方面看。看教材的内容是什么，它本身的要求是什么，它的系统性怎样；再从学生方面看，看他们的实际水平怎样，能够消化到什么程度。如果不从这两方面来考虑，那么教学要求就会失去可靠的依据，导致或者要求过高，或者要求过低，或者提得很笼统，不具体。教学要求如果提得不明确，不适当，那就不可能得到实现。我曾看到过一些语文课的教学要求，教师往往企图通过仅仅两三课时的教学时间，要求学生具备什么什么品德，掌握多少多少知识，这实际上是不可能的。结果是要求归要求，实际是实际，久而久之，师生都把这些教学要求不当作一回事。有些教师虽然明知这样的教学要求已经流于形式，在备课时却照样花费很大气力把它提出来。他们认为不把要求提得高些，就不能显示教者的水平，或者怕人说不负责任。当然，这样做的后果是可以想象得到的，其教学效果是不大可能令人满意的。

因此，教师在提出教学要求时，对上述两个方面统筹兼顾，是十分必要的。那么，应该怎样统筹兼顾地来考虑教学要求呢？

以语文教学为例。首先，语文教材是从各个方面编选而来的。作者撰写这些文章，主要是为了表达他们对某一方面的观点，宣传他们的主张，抒发他们的思想感情，或者总结他们的亲身经验。他们写作时精心地运用了各种技巧，一词一句都经过反复推敲，为的是用这些观点、主张、思想感情等，更有力地感染读者，说服读者。可是作者并不是专门为青少年学生写的，甚至在写作时根本没有考虑到要作为青少年学生的教材。我们选这些文章作为教材，是为了使学生通过教学，逐渐掌握语文学科这一工具的基础知识。既然如此，我们就不能把作者的写作要求，作为我们进行教学的要求。当然，通过教学我们应该使学生领会课文的作者，是怎样审题立意，怎样构思谋篇，怎样遣词造句的，并使他们循序渐进地掌握这些方面的基础知识；同时，又要求学生从文章的人物形象、思想观点等方面受到感染，从教材中找到学习的榜样。

再以理科教学为例。数学教学一般是从旧概念引出新概念，从旧的运算方法引出新的运算方法。因此，数学教学的要求，首先是让学生懂得新知识从何而来，要求学生认识新知和旧知的区别和联系，以便正确认识并掌握新知识。通过教学，要求学生能够掌握正确、熟练的运算方法，熟记数学语言。物理教学不仅要求学生"就物穷理"，还要达到"从数透理"的要求。理化学科教学中，还要对学生提出实验能力和熟记理化语言的要求。

上述讲的是指怎样提出一堂课或一篇课文的教学要求。但这仅仅是教学要求的一个方面。与此相关的，还有一个系统性的科学体系的要求，或者说，一次要求和一个时期的要求相结合的问题。青少年学生在几年之内，要学好很多社会科学和自然科学方面的基础知识，涉及范围十分广泛，并且与学生的生活实际的距离也很大。因此，从教学内容到教学过程，都带有极大程度的抽象性；同样，从人的认识规律来讲，也有一个逐步认识、反复加深认识的过程。如果教师在讲授时，要求学生一下子达到"甚解"，往往适得其反。因为学生对这些知识的掌握，有一个消化的过程。既然学生对基础知识的认识和掌握需要一个过程，有一个螺旋式上升的认识过程，那么，教师提出教学要求的时候，也必须注意一次提出要求与不断提出要求相结合，就是说，必须把讲新课时提出的要求和一个时期的要求结合起来。比如，外语教学，单词必须反复出现，学生才能牢固掌握；数学教学，要反复练习，注意新旧知识的联系，才能融会贯通；理化教学，要经过多次的实验，才能掌握知识；学生对政治理论的掌握，也不能例外。

因此，教师在提出教学要求的时候，决不能只着眼于本节、本课，而必须注意到局部和整体，点滴和系统的关系。例如，期中怎样，期末怎样，都应该考虑到。不仅如此，一年级教过的内容，在二年级教学时还应该对它提出要求，到三年级教学时也还是应该考虑。从某一学科来说，到三年级教学时也还是应该考虑。从某一学科来说，这一学科的所有教师，对几个学年中的教学要求，必须共同统筹兼顾。这一工作应该成为教研组的一个经常的、重要的议题，也是大家都有发言权的最共同的议题。正确地处理好这个问题，不仅能保证教学计划的贯彻和实现，还能使教师的积极性得到最充分的发挥。

（选自《段力佩教育文集》增订本，上海教育出版社 1989 年版，第 111—113 页）

关于领导教学工作的几点体会

现就教与学的关系，几门学科教学特点及对教学工作的领导等问题，谈一谈我们的具体做法和体会：

一、关于教与学的关系

教与学的关系，实际上就是教师的主导作用和学生学习积极性的关系。在这方面，我们在实践中，有以下几点认识：

1. 理解和熟练的关系

我们认为，在一个或者几个课时内教师要把某一篇文章或者某一章节讲深讲透是不可能的。其理由是学生的认识有一个过程。中国有一句老话，读书有个"悟"的过程。我们理解这个悟的过程是不断加深理解的过程。故"好读书不求甚解"，并非满足于不求甚解，而是认为从不甚解到甚解有一个过程；何况，现在中学生学的基础知识是古今中外，社会、自然的基本原理，基本定律，基本公式，较为抽象，概括性较强，它的工具性又较强，因此基础知识，是要通过基本训练来逐渐掌握的，必须经过反复诵读与练习才能心领神会；而且理解某一种知识时，也受到其他未学过的知识所限制。因此企图在一个或几个课时内把某篇文章或某一章节讲深讲透是不合于客观实际的。

从上面的理由，可以看到，理解与反复诵读、习作，也就是理解的过程、熟练的过程。理解的程度与熟练的程度有个相应的关系，如果不熟练不能记忆的东西，实际上也就是不理解。有些学生反映"在课堂里听懂了，但回家做作业时，又稀里糊涂了"，这说明学生对课堂讲解的东西并未真正理解。从学生的考试成绩看，也常常有因为忘了而答不出或答不全面的情况。从我们的观察，学习的一般程序是：有所理解，进行熟练、记忆，而后才能加深理解。

根据我校的教学实践，我们提倡：边教边练，教中有练，练中有教；在练的基础上教，大量地练，反复地练。关于练，我们的理解是学生学习的集中表现。既然是练，就必须手脑并用，就必须看书，就必须思考，就必须动笔，就必须温旧，就必须在已掌握的旧知识上考虑新的条件，来理解新知识。这样，学习积极性就会大大调动起来。教师在练的基础上画龙点睛式的讲解，就能更好地有的放矢，要言不烦，有效地指导学生学习。这样，才能体现精讲多练。增加了大量练习，提高了讲的效果，减少了不必讲解的浪费，最大限度地利用了课堂时间，才能最充分地发挥课堂教学的作用。我们有这样几句话，叫作：练字着眼，温字着眼，运用旧知，点出新知。

2. 教师的讲解、板书和紧扣教材的关系

我们认为，教师讲解，主要的任务是帮助学生阅读教材，而不是脱离教材，另搞一套讲稿。教师的讲解，应该落实在帮助学生解释课文，更好地引起学生思维，把他们的注意力引到教材上去，而不能代替学生自己的阅读。

教材不是参考书，而是必读的。教学质量的提高，最主要看学生能否掌握运用教材。教师可以进行启发，而最终必须逐字逐句地落实到教材。这样，学生在上课时，手、脑、耳、目，就都有活动，就能更好地集中注意力。

板书的作用，在于促进对书本的注意，帮助解释教材，对教材作必要的补充或有所示范，而不是代替教科书。如果让学生关了书本，只是眼看着黑板，耳听着老师讲，不仅不能做到像一般所希望的学生能够顺着老师的讲解发展思维，相反，老师的讲解因为没有紧紧扣住教材，会分散学生对教材的注意力，影响少数学生跟不上班。而且学生的目力，由于不论前排、后排、角边，整堂课集中在黑板，如果板书又不注意整齐、公正，大小适度，会使目力过分疲劳，这是否是造成近视眼的一个重要原因，很值得研究。

3. 新知识与旧知识的关系

新知识一般是对旧知识的继承，对旧知识的发展。教师应该细致考虑，运用学生已懂的知识来讲授新知识，而不是眉毛胡子一把抓，原原本本讲上一通。这样，才能够引起学习兴味，调动学习积极性，使他们的注意力，能更好地集中；不然，就会使他们感到厌倦疲劳，注意力分散。因此，我们要求教师把新旧知识有意识、有计划地联系，教师必须把学生已学过的知识有计划地安排在进度里，订进自己授课提纲，这样，就比一般的联系旧课更有保证了。

4. 学生学习的主动与被动问题

我们认为，教师的主导作用，应该和学生学习的积极性紧密结合起来，学生在学习中应该有主动性，而不是被动的。

如果学生只是被提问的对象，只是一个听讲解的人，只是一个被布置作业的人，这样，势必至于白天上课听讲接受新课，晚上回家做作业，经常处于被动应付状态。其结果教师讲得多，学生学得少，新课虽然一课课过去了，到头来学生还是陌生的或者是半生不熟的。

因此，我们要求教师的布置与学生自己的安排结合起来。学生完成教师所布置的作业，必须有自己的有计划的自修安排，这样才能保证学生的学习更为主动，也才能体现教师的教与指导学生的学紧密联系起来，这样，也才能培养学生读书的习惯。

5. 要求一致与承认差异的关系

我们说以教学大纲的要求来要求学生，这是对所有学生一致的；但事物的差别，是客观存在的，基本相同，也有所不同，学生必定有个"性之所近"，我们也必须考虑个最低要求或者说是基本要求，在此基础上，让学生能对各科有所侧重，这是符合因材施教原则的。

为了更好地贯彻因材施教，必须创造学习条件，适应不同要求。学校主要是为学生创造学习条件的场所，教师的教学即是学生最主要的学习条件，其他如课程设置，教材，课外活动，开设一些选课，都是学习条件。此外，学校还应很好考虑教学环境。在这方面，我们有些行之有效的做法。如外语的"一日一词""一日一句"栏，各科的知识栏，有提示，有题解，简明、醒目，让学生行有余力，可以不花气力，不费时间地接受知识。这种教学环境，对学生既无约束，也没有要求，但可帮助学生广开思路，启发兴趣。

二、几个学科教学的特点

1. 语文科：一篇文章是完整的，字、词、句是不离篇章的，因此没有理由把它割裂开来，分为汉语和文学；也不能把所谓文学因素、语言因素、教育因素分割开来，语文科不能教成政治课、文学课，也不能教成常识课。以语法为序的讲授语文，会导致生硬地根据语法来凑词句，好像把英语学成 Chinese-English 一样。

语文是文道结合，必须言之有物而不能拆开。一篇文章总要审题、立意、谋篇、遣词、造句的。审了题，立了意，就必须谋篇和遣词造句，否则就不好表达；反之，没有意义的词句，与无的放矢的谋篇，将仅仅是词句的堆砌而不知所云。文章必定是作者要表达什么以及如何表达的，文道一拆开，就没有方法表达，或者言之无物了，其理甚明。

语文的讲授必须广博与精深相结合。由于语文是文选，没有什么系统性，我们就必须让学生精读一定的文章。这些文章，不仅在一个学期读，应该期期读，年年读，读到毕业，这样读到滚瓜烂熟，以便更好地起范文作用；另外对大量的教科书选文，则在课堂内，在教师指导下自己阅读，以便加深理解，丰富知识。

讲授语文时必须按照作者的分析进行分析，紧扣作者的语言进行讲解。

语文讲授时，我们提倡用推敲式的讲解，以便学生在懂得字面的基础上从语言的组合，扣住篇章，从主题上来了解它的特定意义。如果推敲还不足，则辅之以朗读式的讲解，从形象思维上帮助学生了解。

2. 数学科：概念与运算的关系，是概念指导运算，通过运算加深对概念的理解。但学生对概念，不是马上就能理解深透的，必须通过多次的反复运算。对概念、定理、定义的叙述，最清楚的应该是教科书，必须使学生逐字逐句地掌握。教师不能以为自己的领会较为清楚，从而只把自己的领会讲给学生，学生所得到的只是"领会的领会"，那就离教材很远，讲不清楚了。

教师应重视例题的作用，把概念、例题、习题紧密扣起来，做到新旧联系反复运算。

教师应重视运算中细微之处，我们要求教师"辨微"。因为往往细微之处，可以看出学生对概念掌握是否恰切。

3. 外语科：外语应当正音，但不能纠缠在正音上。语言是有腔有调的，这应该予以十分重视。

外语的诵读是最主要的，只有在读之上口，读了一定数量的课文之后，才有条件拼生字，讲语法。否则功夫大，效果小，会伤害学生学习积极性。

4. 理化科：理化科教学方法上的一个重要问题，是在学生实验的基础上进行有的放矢的讲解。

物理有一个"从数透理"的问题。数学不仅为物理的计算服务，而且在数学计算中有物理的道理。因此必须注意从数透理，以提高学生对物理概念、定理的理解。

三、对教学工作的领导的几点想法与做法

我们认为领导干部担任教学工作，是领导教学有效的办法。如果自己有教学经验，可以起好的范例作用；即使还没有教学经验，则在虚心向教师学习的过程中，也可以起推动的作用。领导自己担任教学工作，还便于联系教师群众，和他们打成一片，不仅在思想政治上可以更好地教育启发教师；而且在业务的研究探讨上，也有共同的语言。

我校五个教导主任都是兼课的，而且都有比较丰富的经验，能够起示范作用。他们中，除一个专抓教导行政事务外，都分兼了教研组长，另外，各科都配有副教研组长，因此他们的工作都比较主动，有些教研组工作可以由副组长主其事。我们体会，以教研组长的身份在教师中发言，比教导主任的发言自然得多。

我们学校的党政工团的负责干部都同教师在一起办公，因为都任课，又都是教师，这样对教学工作的检查，可以在比较自然的情况下进行。例如检查教师批改作业的情况，我们在教研组三三两两地谈起来，顺手看看作业情况，这样的检查就很自然；如果是定期收卷子检查，教师有顾虑。当然定期检查也可以做，但还是尽量少用。

对教学工作的领导，还体现在抓制度，在抓制度问题上，我们有两条原则：

一条是"有所规定，有所不规定"。如填写教室日志是规定的；而课堂教学的边教边练，紧扣教材等，则以提倡、带动的方式代替规定；

至于备课、讲课等，则是探讨式的交换意见，相互学习，不做硬性规定。

另一条是"留有余地"。如学生奖惩制度，奖励学生，要留有余地。奖的面可以广泛些，但一般采取口头的、个别的方式。如奖励学生，找他个别谈一下，说你在学习上很好，还要好好努力；他不好时，还可以问他，上次讲的话，你还记得吗？如果公开布告，就要慎重。一是我们对学生了解不够，二是如果坚持不了，一个筋斗摔下去，就坏事了。又如惩罚，也要留有余地，要使学生有希望。例如有两个学生，大家认为一定要让他们退学。退学是退了，但允许他们来听课，他们什么时候改好了，就允许他们正式上课，这样就留有余地。

（原载于《人民教育》1963 年第 3 期）

要减轻教师负担

负担重的问题，不仅学生有，教师也有。一般的中学教师每周要上十二至十五节课，平均每天上二节课以上。当班主任的教师还要加上校班会与自修课，每天早上的早操，下课后的课外活动和众多的班务工作。不少中青年教师都在参加进修活动，一周两个半天，还要做作业。这样，再加上集体备课、教研活动、政治学习。不仅在校一刻不停，就是回到家里，还要备课、改本子，常常从黎明起忙到深夜。一般教师也要忙到晚上九点半、十点以后才能睡觉。这样，长年累月，教师的体质就逐步下降了。

要搞好学校工作，提高教学质量，减轻教师的负担，便成为学校负责人责无旁贷的任务。

我们认为，老年教师备课的负担比较轻一些。一门课，老教师已经教了好多遍，已教熟了，但不等于没有问题。譬如他们中有不少人过去是"好读书不求甚解"，有些名词概念还不能用文字确切地表达出来。他们往往是根据自己的领会讲授这些概念，学生则根据教师的领会来领会，最后不能落实到文字上。这也是几年来学生对数、理、化学科的概念弄不清楚的原因之一。因此，老教师备课时应把主要精力放在这上面，即对自己还讲不清楚的地方，要备备课，以便更好地言传；同时，对学生有哪些难懂的地方，从班级学生的实际出发，也需要备课时考虑的。这两方面抓住了，老教师的备课任务就完成了。中年教师对教材的熟悉程度虽不如老教师，但也教了一个时期，可以说熟了。他们的备课，主要应考虑怎么承上启下，哪些地方比较难教，怎么把它讲清楚，等等。新教师的情况则不同，要多花一些备课时间。这方面要运用老教师的力量，老教师除了自己备课外，还要帮助新教师，免得他们多走弯路。

我们还认为，要减轻教师负担，还要帮助教师从作业堆里解放出来。作业批改方法一定要改革。试想教几何的教师把所教班级的学生作业本全部精批细改，那是做不到的。语文教师把所教班级的学生作文本、语文基础知识练习本、杂记本、习字本等也全部来个精批细改，那即使加班加点也是难以做到的。作业批改有精批与略批之分，有全部批阅与部分批改之分。我看只能抽改几本，其余的就粗看一遍。我主张教师改了几本之后，由学生相互改，教师加以抽查。学生相互改，也是一种启发教学，有助于他们打开思路，增加辨别能力。反之，教师本本改，细细批，学生发到手只是看一看得几分，这样就起不了批改的作用。多批改作业当然不坏，但是对提高学生学习水平促进不大，而且教师把很大精力花在批改作业上，无法用更多精力从事备课与进修提高，白白耗费了教师大量宝贵的时光，实在有点得不偿失，或者说是无效劳动。需要注意的是：1. 教师从批改作业中解脱出来的同时，仍须注意通过学生作业提高教学效果的问题。2. 学校领导不应该以精批细改来评价教师。3. 学校领导必须把批改作业问题向家长讲清楚。

现在的教研组活动也很值得研究。我不赞成教研组经常搞什么专题讨论。往往花两小时讨论一个专题，事前没有充分准备，有的组又那么大，很难解决实际问题。何不让同年级的教师用这时间来商量一些如何上课的问题，那样就不用另外找集体备课的时间了。当然，确实发现了倾向性的问题，需要在教研组里研究一番，也未尝不可。教学上的问题是有的，但不一定都要在教研组里研究。有些可以找几位教师有准备地研究几次，效果可能更好一些。

另外，还可以采取几条措施：青年教师进修任务重，是否可以考虑让他们减轻一些任课或不当班主任；积极培养学生在自修课内自学的良好习惯，能安静地看书复习与做作业，让教师肩上的维持纪律的"警察"职能去掉，以减轻负担；发动广大任课教师有分工地深入班级，帮助班主任一起做学生思想工作，并分担指导早操与课外活动的任务。

这些方面采取了措施以后，教师的负担就可以稍微减轻一些，教师就能稍微增加一些休息与睡眠的时间，对教师的身体健康，大概也能有所助益。教师减轻了负担以后，业务进修在时间上也有了保证；教师通过进修以后，知识广博了，经验丰富了，便能更有效地提高教育和教学质量。

（选自《段力佩教育文集》增订本，上海教育出版社 1989 年版，第 146—148 页）

一个班减轻学生负担的初步经验

目前，学生课业负担过重，是一个相当严重的问题。这个问题，实质上反映了资产阶级教育思想和无产阶级教育思想之间的严重的斗争。为什么不少学生读书读得昏昏沉沉，他们头脑中所想的就是作业、分数和升学？为什么不少家长对自己子女的学习盯得这样紧？为什么有不少教师，总是用多讲、多留作业的办法，力争较高的升学率？为什么不少学校领导干部总是经常考虑升学率的高低和所谓的"学校荣誉"？这些事实，难道不是资产阶级"升学唯一"教育思想的表现吗？恰恰是这种"升学唯一"的思想，成为学生课业负担过重的一个重要原因。

不仅在培养目标上，我们和资产阶级正进行着一场争夺战，在教学领域中，同样也存在着两种教育思想的斗争。形形色色的资产阶级教育观点，数不清的清规戒律，严重地阻碍着教师们按党的教育方针去改进教学。具体表现在下列三个方面的问题上：（一）教师为了传授知识，热衷于重重复复地讲解，甚至添油加醋，独占课堂教学实践，剥夺了学生在课堂上阅读教材和练习的时间，使学生课内不能用功，课外作业十分紧张。（二）不从一个班级的学生实际出发，不顾学生之间的差异，平均主义地要求学生。（三）在教学上还有一些繁复的和形式主义的做法。例如教语文，总是先讲些生字生词，而后教字、词、句、篇，再讲中心思想、段落大意，还要添上许多提问、考查；在作业上，既有抄书，又有写字、填字、造句，花样种种不分主次，而不是老老实实地讲讲读读，边教边练，集中力量抓好作文，切实提高学生的读写水平。

为了全面贯彻党的教育方针，继续解决教育思想问题和具体的教学问题，我们以初一（3）班为点，进行了减轻学生负担的试验以吸取经验教训，改进学校工作。经过一学期的试验，已取得了一些成效，现将初一（3）班解决负担问题的过程介绍如下：

一

初中一年级上学期开始实行新的教学计划，课程分量较重，课时安排较多，在开学后的第一个星期里，就出现了学生负担过重的情况。从初一（3）班的情况来看，男生一般在晚上九时半左右才能完成课外作业，女生大部分要在晚上十时以后才能做完作业；学生的睡眠时间是不足的。如学生孙蕊珍，作业经常要做到晚上十一时半，有些题目还做不出，只得次日清晨去问其他同学，勉强交卷。由于许多题目不是自己独立做出来的，知识不巩固，成绩也不好。她由于睡眠不足，上课时常常打呵欠。这个班少先队第二小队，由于作业负担重，小队会开不起来，偶尔开一次会，大家催小队长："快点结束，作业要做不完了。"田径单项运动，大家都不愿意练习，忙着做功课。

教师对这些情况，有什么想法呢？班主任反映："代数作业负担重，英语负担也重，学生各顾各，不关心集体，怎么办？"班主任自己是教语文的，问她是否可以少讲一些，让学生多读读，她却说不行，学生的错别字多，词语非一一讲清楚不可。代数教师说"书上这么许多内容，要减少课外练习，怎能使他们把知识化成技能技巧呢？如果练习都要在课内做，进度就要完不成了。"地理课、植物课虽然不布置作业，可是课内要提问评分，学生为了准备提问，就要把教材背下来，花费了许多时间。这些反映说明教师们对实行新教学计划的态度是认真的，大家都热心于提高自己所任学科的教学质量。但他们之间却又各不让步。这样做，学生怎么受得了，教育方针怎能贯彻？针对这些问题，我们组织教师进一步学习了党的教育方针和上级的指示，对照工作、联系思想，开展批评和自我批评，批判了各种违背党的教育方针的错误观点，诸如，"升学率是学校质量高低的标准""好学生下农村是可惜的""读书读不死人""控制时间应该首先控制政治活动"，等等。经过学习，教师们开始感到减轻学生课外作业负担的重要。

在大家都有要求解决负担问题的基础上，我们又提出了克服教学工作中的主观主义、形式主义的问题，要求他们贯彻边教边练的方法，改进教学工作，重视发挥学生在学习上的积极性和主动性。为了使教师相信学生有一定的阅读和理解能力，我们和初一语文教师座谈时，找了一个学生来，请他阅读一遍没有教过的新课《老界山》，并让他向教师讲解这篇课文，结果学生讲解得很好，只有五六处比较模糊。接着就在语文教师中展开讨论，从而使他们认识到教师讲解应该把力气用在刀口上，不应该平均使用力量，面面俱到讲个不停，既浪费了课堂时间，而学生真正难懂之处又未帮助解决。我们又请一位数学教师在上代数课时布置二三个学生做几道还未教过的下一课的练习题目，结果有一个学生全做对了，有一个学生对了两道，错了一道。这样，才使教师相信了学生具有一定的阅读理解能力，在教与学的关系的认识上逐步统一起来。

二

有了这个基础，我们就和语文、数学、外语三位教师一起，具体研究了各科教法的改进问题。

语文课，就课文内容言，古今中外无所不包，就文章体裁言，有议论文，有记叙文，还有诗歌，等等。对不同类型的文章，在教学上应该有不同的要求，不同的教法。在教每篇文章时不应该要求过多，例如教《落花生》一课时，教师原来打算有五大要求，而且每个要求又分出许多小要求，这样必然要加重学生负担，而且效果也不会好。为了提高学生的写作能力，减轻学生负担，只要求学生精读背熟一定数量的好文章，篇数不必过多，教师不写不必要的板书，不要求学生写笔记。

作文的批改，我们认为一般只要略改就可以了，但每一次都要精改几篇。所谓精改，就是教师根据自己的水平，尽可能把学生的原文改得像样一些，即使改动一个字，都要有理由，说得出为什么。要做到使每个学生的文章，都有机会轮到精改。通过评讲精改的文章，帮助大家共同提高。精改篇数不多，也就有时间轮流地当面批改了。

数学教学的基本特点是：从旧概念引入新概念；从旧知识引入新知识；从老法则、老公式转化到新法则、新公式；将一种解题方法随着知识技能的发展，变化成多种解题方法。例如，以数的概念为基础引入用字母表示数的概念；以数字算式为基础引入代数式的概念；以数的运算为基础引入代数式的运算；以多项式的乘法法则为基础引入乘法公式；从乘法公式转化到因式分解；从一元方程解应用题的方法转入到用多元方程解应用题的方法；等等。在教学上要注意紧扣教材，边教边练，把学生阅读、教师讲解和学生练习紧密结合起来。课堂讲解要做到少而精。

例如代数整式一章，教学时间有 52 课时，改进教法的结果，教师讲解用 27 课时，其余 25 课时都用做课内练习；其中代数式一节，讲课只用一课时，课堂练习用了三课时，而且教师的讲课，也是先出思考题目让学生看了课本以后再讲的。结果，这一节教本上的习题，中间和中上水平的学生大多在课堂内做完了；少部分中下水平的学生还需要回家做一刻钟左右的作业。另外教师对中上学生布置了几个要求高一点的补充题，让他们回家做。52课时教完以后，进行一次考试，结果，全班100分的15人，90—99分的25人，80—89分的18人，78分的1人，61分的1人。教师体会到这种边教边练的办法有三个好处：一是教师在学生阅读课本的基础上讲，学生对概念、定理、法则理解得较好，且初步有了阅读数学书的习惯；二是大多数作业是在课堂上做的，教师对学生有具体的指导，学生作业质量高，易批改；三是学生做练习题的数量不比过去少，而课外作业负担却较轻。

英语怎么教？我们认为，应该先用五六周的时间教字母、国际音标和拼音，目的是使学生能自己查字典读出生字来。这样做，学生虽在最初的五六周内，感到比较枯燥，但是过了这个关口，学生学会了查字典，就可以改变老师不教就不能学的情况，调动了学生学习的积极性。学生查字典再听课，就方便得多。因此，后半学期进度加快了，学生也不感到吃力，按时完成了教学进度，成绩也比较好。

此外，我们对作业布置和教学、政治活动、文体活动各方面时间的安排，采取了一些具体措施。如，只许语文、数学、外语布置少量课外作业；地理、植物的提问必须在课内复习的基础上当堂进行；中午休息时间和课外活动时间由学生自由支配，教师一般不要在这个时间去找学生；等等。

三

随着教学的改进，负担的减轻，这个班思想政治教育有所加强，文体活动、社会活动也能较好开展。学生无论在政治、学习、身体各方面都有了进步。学生知识掌握得比较灵活了，思想也活跃了。由于有了自由支配的时间，学生看了大量的书刊，有的已阅读毛主席著作五篇，有的看了许多文艺书籍，有的看了许多科学技术书籍。学生的视力、健康也比较好。

以前面谈到过的学生孙蕊珍为例，在学期结束时她高兴地谈到了她后半学期的学习生活：每天回家做作业到八点钟，有时不到八点钟就做完了，有空看报纸了。后半学期，她读了三遍毛主席的《为人民服务》《纪念白求恩》，还看了《敌后武工队》《人民在斗争》《儿童作文选》《趣味数学》等书。现在，她每晚九时左右就寝，上课再也不打呵欠了。由于时间充裕，作业的质量也提高了，每道题都是经过自己的思考做出的，因此期终考试成绩优良，代数考了100分。就在考试这天早上，她还把家里的早饭烧好了才到校应考。她参加了冬季锻炼，跑步开始只能跑半圈，到期终已能跑两圈了；爬杆，开始是爬不上的，现在已能爬到顶了。再看上面提到的那个不愿搞文体活动、不愿开小队会的第二小队，由于负担减轻了，情况也大有改变，他们积极地参加了各种课外活动，在跳绳比赛中获得第二名，并且经常开组织生活会，谈学习雷锋的进步和收获，检查自己的缺点，同学之间都能团结友爱，互相帮助。

从初一（3）班一学期的试验中，我们对全面贯彻党的教育方针、减轻负担、改进教学工作，开始有了一点体会，但是也还有许多问题需要继续研究。我们要继续努力学习毛主席著作和党的教育方针，行政领导干部要坚持蹲点、兼课、调查研究、总结经验，不断改进工作，把我们的学生培养成为符合党和国家要求的坚强的革命接班人。

（原载于《人民教育》1964年第3期）

紧扣教材，边讲边练，
新旧联系，因材施教

一

过去，有些教师对教科书的运用不太重视，把它视同参考书，认真钻研不够；有的简单地认为教科书内容和编排不太恰当；有的认为教材很简单，学生都能看得懂，根据教科书上课，引不起学生学习的兴趣。因此，经常丢开教科书，按照自己对教科书的"意会"去讲课，学生则根据教师的"意会"去揣摩。结果，尽管学生听了课也还是不一定看得懂教科书，对学科中的某些概念、定理、公式，往往掌握得不确切。

针对这个问题，我们肯定了教科书在提高教学质量中的作用。我们认为教科书是教师进行教学的依据，教师上课必须按照规定的知识来进行教学，反对添油加醋；要求教师反复钻研教科书，努力做到钻懂钻透。例如，对数学教师，不仅要求弄清章、节间的联系及其地位，而且对每一个概念、定理、公式的表述，要逐字逐句推敲；对原理的证法、论述的方法、举例，也要探明究竟，根据学生的实际，有的放矢地进行教学。

我们认为，上课的好坏不是看教师能否口若悬河，滔滔不绝，而是主要看学生学了以后能否理解和运用教材规定的知识。因此我们要求教师在上课过程中，必须紧扣教材讲课，把课文正确清楚、有详有略地教给学生，并且在讲课的过程中，指导学生认真阅读教科书。例如，语文是一门比较复杂的学科，课文内容中外古今无所不包；文章体裁，各式各样，样样具备。这就要求教师既要考虑语文学科的复杂性，又要在教学过程中把握住每一篇课文的具体教学要求，突出重点和难点，避免面面俱到的烦琐讲解，使学生学得扎实。

这样运用教材的结果，提高了学生阅读能力和对教材内容的理解能力，减少了做作业的困难。由于充分运用教材，抓住重点进行教学，使教师在课堂讲解的时间缩减，这就为学生在课堂内进行练习，创造了条件。

二

育才中学过去课堂教学的缺点，可以归纳为"满堂灌""两剥夺""三脱节"。即一讲到底"满堂灌"，教师独占课堂教学时间，剥夺了学生思考和练习的机会，造成了教学上的讲与练脱节，教师与学生脱节，课内与课外脱节。结果是学生课内听不懂，课外急煞人，旧的知识没消化，新的知识又压上来。这样学生课外作业负担沉重，错误率高。

边讲边练，就是在讲课时有讲有练。根据不同教材，不同年级，不同学科，进行不同形式的讲解与练习，灵活运用。有的先讲后练，有的先练后讲；有的以讲为主，有的则以练为主。比如数学课，把指导学生阅读、教师正确讲解和学生认真练习三者结合；在学生有所理解的基础上，进行反复的练习，以提高理解程度；在教学过程中，根据教材的具体情况，边讲边练。再如物理课，教师先做演示实验，使学生有一个初步印象，再让学生看教科书，使学生对书上的概念有个初步理解；接着，让学生讲，学生讲不清楚，教师再把书上主要之点讲一讲，再让学生在课堂内做一些习题。然后在教师的指点下，让学生去做实验，在实验过程中，发现了问题，再讲再做。这样，边讲边练，三反四复，学生对知识的理解和运用水平就得到了提高。

运用边讲边练的方法，突破了不合理的课堂环节的框框，改变了死扣"环节"的形式主义和注入式的教学方法。由于教师在课堂上提问一般不记分，学生没有分数的压力，心情舒畅，气氛活跃。

大家把边讲边练概括为三大好处、一个结果。三大好处：一是学生学习主动性得到充分调动，学生的学习态度更加认真；二是教师在学生练习时，能够及时发现学生掌握知识中的问题，使教学有的放矢；三是学生的阅读能力和独立思考、独立操作的能力得到了提高，思路开阔，基本技能和技巧也有了相应的提高。产生的一个结果是：学生课外作业显著减少。大多数学生基本上能在课堂内完成作业，而他们所做的习题并没有减少，有的反而比过去有所增加。

三

教师在教学中不从学生原有的知识基础出发，是造成学生课业负担过重的一个重要因素。如果教师不管学生的实际，已懂的也讲，不懂的却不能着重讲，眉毛胡子一把抓，那么学生感到厌倦，学习的积极性受到挫伤，主动性也会丧失。所以教师在教学中一定要"备课又备人"。

所谓"备人"，就是要了解学生的知识基础与学习状况，从学生原有的知识基础出发，新旧联系，进行教学。学生懂的知识不多讲，学生不懂的知识要着重讲清楚。一个初中学生，至少已读了六年书，一个高中学生，至少已读了九年书。他们不仅从学校里接受知识，还广泛地从社会生活中接受着各种知识。因此，教师应该充分地估计学生的理解能力和接受水平，教学中要注意新旧联系，以旧带新，复习旧知识，引出新知识。比如高中二年级物理课中的"气态方程"，本来都是教师一讲到底，后来教师一了解，学生对这一节的内容基本上都看得懂。于是教师就叫学生先看书，再让学生做习题，又做实验来验证"气态方程"。然后，教师根据学生在做习题中存在的问题，简明扼要地讲一讲。这样，既做到新旧知识的联系，又减少了不必要的讲解，学生的课外作业也减少了。再如初三语文课中的《英雄列车》一课，教师考虑到学生原有的知识基础和看过《英雄列车》这部电影的因素，教学时就让学生在课堂上读，由学生自己讲解。对比较难理解的地方，教师作了画龙点睛式的讲解，结果学生比较满意。

我们认为，学生掌握各门学科的知识，都有一个逐步积累的过程。以数学学科来说，教学时总是由旧概念引进新概念，老法则、老公式转化为新法则、新公式，从一种题解法变成一题多解。因此，教师在讲授新知识时，应充分考虑学生已有的知识，发挥他们温故而知新的能力。高二代数中的"复数"部分，有的教师不顾学生已有的知识基础，必定要讲"数的概念的发展""虚数单位"等已经教过的内容。后来经过研究，改为由学生在课堂内练习为主，教师作适当讲解。这样学生很快掌握了教材规定的知识，避免了教师烦琐的讲解，并留有时间让学生完成作业。

四

学生的知识水平总是有差异的，教师教学时应该承认学生存在的差别，并且进行因材施教，使所有学生在不同的基础上都有所提高。就是使学得好的更好，差的也能逐步好起来，使学得特别好的能够出类拔萃，使大多数学生能够达到应有的水平，学有余力，发展各人的兴趣爱好。这是一件艰巨的工作。

对于因材施教，不少教师有着丰富的经验，他们在深入了解学生知识水平的基础上，分别要求，区别对待，特别是对于水平差的学生，本着"欲高先低"的精神，帮助他们逐步提高。教师在课堂内讲解的深度和广度，都是从一般水平出发的，而提问的难易，朗读、背诵的要求，则因人而异，作业布置也有不同的要求和分量。对程度较好的学生，给他们做变化较复杂的习题，对程度较差的学生，则要求他们完成基本的习题。教师在巡视时，发现完成作业快的学生，就补充一些习题。这样使成绩好的学生，能充分发挥他们的才能。

学校还为成绩好的学生，采取个别带徒弟的办法，在课外进行学习指导。对于大多数学生，也为他们创造良好的课余学习的条件，如开设各种学科的知识讲座，或以年级为单位开展书法、作文、演讲、朗读及各学科比赛，或建立数、理、化、外语等学科学习小组，以及科技、文体、书法、美术等兴趣小组，借以扩大学生的知识面，培养学生的兴趣爱好，丰富学生的课外生活，培养学生的聪明才智。

通过实践，我们认识到"紧扣教材，边讲边练，新旧联系，因材施教"是互相联系，不能割裂的。最主要的是：要求教师在教学中，从学生的实际出发，发挥学生的学习主动性。要做到这一点，并不是一件轻而易举的事，一定要克服形式主义，反对添油加醋，反对认为只有讲得多、讲得深才能提高质量的片面思想。为此，必须做到针对学生原有的知识基础，按照教材规定的知识进行教学，只有这样，才能使学生主动地参与教学活动。同时，教师还要认识到学生掌握知识有一个逐步提高的过程，企图在一节课或几节课内把知识讲深讲透是不切实际的。只有在教师讲解、学生有所理解的基础上，反复练习，才能加深理解。这个过程，也就是从懂到会到熟的过程。

（选自《段力佩教育文集》增订本，上海教育出版社 1989 年版，第 89—94 页）

依靠教师改进教学方法

　　课堂上如果只有教师讲、学生听，只有教师问学生，没有学生问教师，那么说明教师在教学过程中没有发挥学生的主动性，学生还处于被动状态。在这种情况下，学生的负担虽然很重，但学习质量并不高。这种教学方法要改革。

　　那么，教法改革从何入手呢？我们是深入到教学实际中去，蹲点、试验，依靠教师，边做边议，反复实践，总结推广，不断摸索，不断前进。

　　首先，我们从研究改进课堂教学的方法着手，增加了听课次数，在教学第一线进行观察和试验。例如，我们在听课中，发现有些教师在课堂内讲得太多，这样不利于调动学生学习的积极性。于是，我们要求语文教师在教学时，先做到教师少讲一些，让学生多读多练一些，引导学生议论议论，使学生在课堂内有一些发言权。我们的想法是，学生对语文课文的内容，固然有一些不懂的地方，需要教师讲解，可是也有不少地方是已经懂了的，教师就不必多讲了。数学课也是试图先做到教师在课内少讲一些，让学生在课内多一些运算机会。我们提出设想，由一两位教师试验，边做边议边改，渐渐推广了从学生实际出发，按照教材规定的知识讲课，并在课内边讲边练的教法。

当我们发现教师对改进教学方法有了一些新的体会的时候，总是努力促进。例如，有些数学教师教学时能够较好地运用教材，抓住最基本的内容教给学生，题目不求艰深，从大多数学生的水平出发，使大家都能学有余力，胜任愉快。有一位外语教师教的是高三外语，充分发挥了学生温故而知新的能力，学生学得很轻松，成绩很好。有一位语文教师在教《捕蛇者说》时，去掉了烦琐的讲解，让学生在课内有充分的时间阅读，因而不少学生当堂就能熟读成诵。通过总结，这些教师和我们对改进教学方法都加深了体会。在推广这些成功的教学经验时，也不能操之过急。因为人们认识事物总需要有一个过程，有些人快一些，有些人慢一些。我们注意进行耐心细致的工作，并且让他们有一个不断实践的过程，在实践中进行比较和接受成功的经验。

其次，我们发扬教学民主，鼓励大家对改革教学方法提出不同意见，提倡敢于争论的风气。经过争论，大家就可以共同提高，改进工作；即使一时得不出结论，也不妨暂时保留不同的意见，各人做些试验，加以比较，等一个时期再说。这样，大家探讨问题就没有什么顾虑了。因此，我们常常为了研究教学问题，出现一些热烈而愉快的"吵架"。"吵"过之后，大家说出了自己的看法，增进了彼此的了解，统一了认识，心情舒畅；对有的问题尽管没有统一认识，相互之间也没有疙瘩。有些教师如果对某些问题思想上实在不通的，则暂时"按兵不动"，免得生搬硬套，反而会影响教学质量。但是，思想工作和先进经验的宣传推广工作仍需要继续进行，不能消极等待。像破除"环节"教学法的工作，我们学校反复搞了好几年，才取得了成绩。遇到这种情况，领导需要有耐心、决心和恒心。既不能操之过急，强迫命令，也不能偃旗息鼓，半途而废。

我们从实践中感到，改进教学方法必须依靠广大教师，但是也不能放弃领导，放任不管。

（选自《段力佩教育文集》增订本，上海教育出版社 1989 年版，第 144—145 页）

减轻学生负担　提高教学质量

　　既要减轻学生负担，又要提高教学质量，这个问题是很辩证的。猛一听，减轻了学生负担，似乎就是让学生学得少些，一定会降低教学质量。其实，并非如此。我们来分析一下，学生负担重是怎样造成的？那是教与学产生矛盾的结果，也就是"教"超过了"学"，"学"便承担不了，于是就产生了矛盾。所以，学生学习负担过重，必然会降低质量。教与学是有矛盾的。比如说，一篇文章，不管学生懂不懂，你都要讲。不但不懂的地方要讲，懂的也要讲。学生来到课堂，目的是学习不懂的知识，如果教师不管学习懂与不懂都讲，讲得啰啰唆唆，时间全部给他占掉了。学生要思考的时候教师还在讲；或者学生在想这一句，教师又讲到下面去了，学生连提问的机会也没有。教师讲完后，便布置几个作业让学生回家去做。这样，在课堂里学生学习只是走过场，像走马灯一样。于是"教"与"学"便产生了矛盾。如果各门课程都是这样，一个学生同时要学好几样课，而各科都没有很好地听懂，各科又都布置了作业，学生就只能被动应付，走到主动的反面去了，学习的质量也就一定不会高。如果教师心里重视了人的因素，调动了学生的积极性，充分注意学生的理解能力，学生懂的少讲或不讲，不懂的尽可能讲深讲透，那么既提高了教学质量，又减轻了学生的负担。这样，"教"与"学"的关系就协调了，矛盾也就统一了。为什么减轻了学生负担，教学质量能提高，就是这个道理。我的看法很简单，一般地讲，假如教师的课教得学生负担很重，那就说明这位教师的课没有教好。

怎样减轻学生负担，从哪里入手？我看最好先作些调查研究。有课前的调查研究和课后的调查研究，但最好是在课堂里作调查研究。例如语文课，一篇新课文，学生有多少地方已了解，多少地方还不了解，这在课前很难掌握。如果教师先指导学生在课堂里读读议议，教师深入下去，了解学生在哪些方面不懂，就能够了解到很多东西，这不是很好的调查研究吗？这样，教师在讲课时学生懂的就不讲，不懂的多讲，就可以做到要言不烦，画龙点睛，恰到好处。

所以说，减轻学生负担与提高教学质量，这对矛盾是可以统一的。不是减轻了学生负担就必然会降低教学质量，而是只要处理得好，既能减轻学生负担，又能提高教学质量。

（选自《段力佩教育文集》增订本，上海教育出版社 1989 年版，第 103—104 页）

提高课堂教学效果

　　要提高教学质量，必须抓好课堂教学，要充分利用每一节课的时间，使学生学有所得，学得扎实。这样，就能使得学生在课余能自由地支配他们的时间，巩固课堂的学习，并学得更多一点；同时又能兼顾体育锻炼和休息。

　　在课堂教学中，往往出现这样的情况：教师讲，学生听；教师问，学生答；教师写黑板，学生抄笔记；教师布置作业，学生完成作业。下课以后，学生还要做多种作业，教师办公桌上作业成堆。学生的学习生活，大量地经常地被作业所占用，剩余下来的时间，仍然是课堂的延续。这样到底能否提高教学质量呢？

　　我们不妨这样想一下：到底有多少学生把教师在课堂上讲解的话都听进去？如果不能都听进去，那么就要考虑老师讲解的效果了。教师提出的问题，是否都是学生学习中存在的问题？如果不是这样，那么有些提问就是无的放矢了。教师在黑板上写的，如果书本上已经有了，那又何必重复？如果写黑板是为了引起学生注意，那是否都能提到要点上？学生课后的作业成堆，是否形成被动应付呢？这样能不能达到提高教学质量的目的呢？

　　既有教科书，教师讲课时是否可以首先指导学生阅读课文呢？阅读时，是否可让学生议论起来呢？通过议论，学生提出了问题，有的让他们自己解决，有的由教师集中起来，要言不烦地加以解决；有的对教师来讲可能也是一个新问题，可以经过研究，在下一课加以解决。学生在读读、议议的同时，就可通过作业练习来加深对课文的理解，做得好的可以基本上当堂完成。这样，学生通过每一课时学习，就能学有所得，学得扎实。同时，教师可以通过学生提出的新问题，进行探索研究，达到教学相长的目的。

这里有几个问题。首先是教师的主导作用应体现在学生学习的主动性和积极性上。标志是看学生是否议论起来，是否提出问题，是否自己主动地解决了一些问题，教师是否集中了学生所提出的问题，并加以解决。其次是通过一堂课的教学，一般的问题，学生都掌握了。其中有部分学生理解得较深，一部分学生理解得较浅，这是正常的现象。重要的是教师应区别对待，因材施教，让学得好的学生帮助学得差的学生，那就可以做到好的学生学得更好些，而差的学生也可以提高一步。再有，学生的作业，应以基本习题为主，以综合复杂的为辅。作业应该通过上课加以讨论总结，加深对教材的理解，巩固对教材的掌握，结合从严要求，使好中差学生，都得到提高。

在教学中还应注意一个问题：从现象上看，学生是有全优的，也有全劣的。但是如果经过深入了解，全优的学生，总有一两门学得特别好。这就要帮助他们集中精力，学好这一两门，带动其他的，不宜要求他们门门都得满分，以免分散精力。这样有利于冒尖。对那些全劣的学生，在他们身上也会有独特的方面，应发现他们的才能，加以培养，带动其他。教师就应该把因材施教和学生的因材而学结合起来。

总之，要在学生学得活泼、学得主动的基础上，把严格要求与因材施教结合起来，达到培养人才的目的。

（选自《段力佩教育文集》增订本，上海教育出版社 1989 年版，第 101—102 页）

高峰可攀，必须拾级而登

在实现祖国四个现代化的征途中，科学现代化是个关键，教育是个基础。所以一定要提高教育质量。要提高教育质量，一定要处理好教学中"高"与"低"，"精"与"广"的关系。

我们的目标是要求教学水平的高质量。俗话说，"千里之行，始于足下"。高峰可攀，必须拾级而登。"千里""高峰"都是目标。但是首先应当注意的是"足下"。否则"千里"的目标是达不到的。高层建筑必须有坚实的基础，不然的话，风雨飘摇，就有倒塌的危险。教学不重视基础，提高就没有可能。那么什么是各学科的基础？也许是要首先研究的。例如语文学科，一般说是字、词、句、篇，但字、词、句、篇又以什么为基础？比如识字，究竟哪些是常用字？但现在语文课上教师讲得最多的是"篇"，"篇"难道是语文的最重要的基础吗？其实，随着学生对事物认识的提高和发展，不成文的"篇"在学生脑子里也随着发展了，重要的还是用确切的词句来表达的问题。数学的三角函数公式有六个，这六个公式是并列的吗？有没有一个最基础的公式呢？如果为了打基础，这也是，那也是，这也丢不得，那也割不了，实际上就不分基础不基础了。如果这样去做，能达到提高教学质量的要求吗？很难说，也许是徒劳！有些学校和教师，为了准备高考，事前的统测、统考中，有些数、理题目，竟连一些有经验有水平的教师都答不上，这样会不会导致师生产生"如何是好"的思想呢？也许因为测来测去有的题目死记住了，难题能解答了。但结果是难题解答出了，可是基础不坚实。这究竟是提高了呢，还是降低了呢？我们决不允许作这样的无效劳动！一寸光阴一寸金，不能容忍让青少年学生的宝贵青春被这样白白葬送！

由"高"与"低"的问题所派生出来的，是"精"与"广"的问题，实际上是点与面的问题。由点到面，以点带面，这些问题处理得好与否，是与提高教学水平密切相关的。

毛主席历来不赞成学生门门功课五分，并指出，课程门类太多，要精简。我的领会是，要提高教学质量，必须让学生集中思想，不要分散他们的精力，以便于对某些学科学得深些透些，从而带动其他学科，达到以精求广的效果。学生也应考虑选择与自己潜在能力相适应的学科作为重点。这样，学生的聪明才智，也能在重点中得到充分的发展。

（选自《段力佩教育文集》增订本，上海教育出版社 1989 年版，第 105—106 页）

有领导的"茶馆"式的教学形式

——读读、议议、练练、讲讲

　　课堂教学的传统和习惯，是教师讲，学生听；教师在黑板上写，学生在课桌上抄；教师必须讲深讲透，把知识嚼烂喂给学生；教师问，学生答。一个人牵着几十个学生的鼻子走。我经过长期观察，发现好多有经验的，并受到学生们崇敬的教师，上课时虽然学生一点声音也没有，但学生并不能把教师讲的都听进去。因为不管怎样，教师个人很难避免该讲的不讲，不该讲的讲了的情况。学生有几十个人，这个学生在这里有句话没听清楚，那个学生在那里有句话没有弄懂，这样就影响了整个课时讲授使大家都听懂的要求。而且用这种教学方法，常常会出现学生原来懂得的，教师又重复了，使学生越听越疲劳；学生不懂的却要等下课后拿起教科书再去学习。这岂不是白白浪费时间吗？这种教师一讲到底的教学方法，它的核心是"授"，使学生经常处于被动的呆板的状态。我认为这是一种浪费时间、效率不高的办法。我们学校对教学方法进行改革，就是从这一点出发，变"授"为"学"。目的是要让学生学得主动，学得生动活泼，节省课堂教学时间，提高学习效率，并使学生有自己支配的时间，以发展自己的兴趣和爱好。

课堂教学与一般讲学不同。一般讲学，只有讲学的人有一份系统的讲稿，而听讲的人没有本本，只有用耳朵听，用手记笔记。课堂教学却不一样，每个学生都有教科书。教科书是通过文字语言来阐述教学内容的，学生可以通过文字语言来理解教学内容。这样就不必像"伏生传经"那样地讲了。当然，学生对教学内容不一定都能理解，这就产生了教学问题。那么教学过程中是否就只意味着教师的教呢？不，学生之间也是能互相教的。当学生们对一个问题展开争论时，这就是生动的我教你、你教我的相互教。教师是通过讲解来教，总是带有灌输性的，甚至是强加性的。学生在相互议论中把问题搞懂了，犹如顿开茅塞，这样就不是灌输的或强加的性质了。教师也只有在学生相互议论的基础上，在要害问题上加以点拨，才能起到画龙点睛的作用。因此，教师的作用，首先应该千方百计地引导学生自己去阅读课文，在阅读中遇到困难的时候，让学生相互议论，相互帮助，经过学生的切磋琢磨，还不能解决问题的时候，教师再加以帮助、解惑。惑到底解了没有呢？可以引导学生通过练习、解题来进一步搞清教材内容。在这个基础上，如果还有疑难问题，教师再予以引导、解惑。我们的教学方法，概括起来，就是"读读、议议、练练、讲讲"这个基本形式。教始终是为了学；学生也始终离不开学。当然，学生学得好与不好，与教师的引导得好与不好有着密切的关系。

读读，是指在课堂上引导学生阅读教科书（不是指课前），让学生主动地从课本中汲取知识。这样做，打破了学生不会充分利用教科书而依赖教师讲解的习惯，有助于学生养成良好的读书习惯，增强阅读能力、理解能力与自学能力。通过文字，掌握学习的内容。当然，学生不一定一读就懂。但是，正是由于学生在读的过程中，常常似懂非懂，产生了疑难，才需要教师去点拨和指导。针对学生提出的疑难问题，教师可以因势利导，引导学生通过相互议论去寻求答案。教师也可以主动地在学生读之前或议之前，提出一些启发性的问题与思考性的题目，引导学生去读去议。我们在课堂上，是按照座位排列，形成前后左右四个学生为一个小组，让学生在一起展开讨论，必要时也可以跨组议论。座位的编排，也有意识地安排一些好的学生与差的学生坐在一起。议是在读的基础上进行的，在教师引导下，使学生就所遇到的疑难问题进行讨论，积极开展思维活动，切磋琢磨。这有助于培养学生的探索、发现、推理、想象、分析等能力。我们发现，在议的过程中，学生全神贯注，口、脑、手、身都在紧张地活动，这比单纯听教师讲解时注意力要集中得多。通过议论，结合练习，有许多问题可以得到解决；有些问题虽不能解决，但由于经过了一番思考，一经教师指点就能很快明白。这时的理解，是经过一番思维活动的，理解就透彻，记忆就牢固，掌握的知识就比较灵活。学生在议论过程中，相互启发，相得益彰，提高了成绩好的学生，也带动了学习差的学生。

学生议论中提出的问题，常常不是教师备课时都能考虑到的。因此，它又反过来促进教师，对教师提出了更高的要求，起到教学相长的作用。在学生议论时，教师要有重点地到一二个组去听听（这是直接地调查、了解学生学习情况的好时机），并对学生及时进行启发和点拨式的讲解。学生议论后教师要进行总结，总结要承前启后，要言不烦。学生进行练习时，不光是完成作业，而且必须让学生对习题进行分析，使学生更好地理解课文中的概念、定义、定理、公式。学生的理解，在"碰了钉子"，手脑并用之后就更深化了。学生在练习中既动脑，又动手，又开口，基本上能做到当堂理解、当堂消化、当堂巩固。在这个意义上讲，练习题是最好的教材，让学生在议论、分析中去找概念、定义、定理、公式。这是通过学生深议、熟练来替代教师的讲深讲透，这对学习理科是有特定意义的。在整个教学过程中，读是基础，议是关键，练是应用，讲是贯穿始终的。这就是说，我们并不否认教师讲解的作用，但它的作用在于对学生的引导、解惑和对教学的总结，而不是灌输；教师的主导作用，就是体现在学生的学习之中。当然，各个学科的性质不同，在教学过程中，要结合各学科的特点和学生的实际情况，具体运用这一教学的基本形式，而不能搞形式主义、程式化。

我们感到，这一教学的基本形式，能比较好地适应青少年注意力集中比较短暂的这一特点，既能使学生学得生动活泼、主动，也能充分发挥教师的作用。运用这一教学形式，可以培养学生的自觉能力，包括阅读能力、思维能力、解题能力、表达能力、实验的技能技巧和掌握科学的学习方法。所以，运用读读、议议、练练、讲讲这一教学形式，等于给了学生开发智力的金钥匙，让他们自己去打开知识宝库的大门，自由地在浩瀚的知识海洋里索取。因为这一基本形式，是以教科书为依据，所以对教师也相应地提出了更高的要求，促使教师更快地提高业务水平。

把课堂作为教师的讲堂，我认为是不科学的。课堂，主要应该是学生学习的场所。学生一天中最宝贵的时间在课堂里，离开课堂就是学生的业余时间。如果最主要的时间被教师的讲课完全占领，而把学生挤到业余时间去自己学，对青少年，特别是对少年儿童，能说是合理的吗？即使在封建的学塾里，学生的学习任务也是在学塾里完成的。在我们社会主义学校的课堂里，难道应把学生的自学时间，挤到学生的业余时间里去吗？这是值得我们深思与探索的。

大家都知道，茶客们在茶馆里的思想是最活跃的，七嘴八舌。我们的读读、议议、练练、讲讲的课堂教学的基本形式，是以教科书为依据，在教师的引导下，七嘴八舌，也很活跃。所以我命之曰：有领导的"茶馆"式的教学形式。有人说，学生在读议过程中出现了散和不集中的情况。其实，散是表面现象，而思想却较为集中；相反，教师以讲解或谈话形式牵着学生鼻子跑，怎么能防止学生似乎坐得很端正而思想已很分散的情况呢？所以，有领导的"茶馆"式的读读、议议、练练、讲讲的教学基本形式，其关键是抓好议议，要求教师应不断地提高其引导的艺术。当然，议议也应该区别不同学科而进行。例如语文课的议论，主要是研究词句如何刻画文章的思想内容，主题如何统帅词句；对语文课中的古汉语，应研究如何以现代语言进行解释，并比较与现代汉语的异同。数学课则重在议论练习，从练习中掌握概念、定理、定义等。理、化、生学科，还应结合实验进行。政治课的议议，可以讨论某些基本概念，也可以对某些问题各抒己见，畅所欲言。总之，我们的教学基本形式，是以生动活泼的气氛来代替严肃死板的气氛，从而充分利用课堂时间，活跃和发展学生的思维，培养学生的自学能力，让学生在课余有更多的时间自由支配，发展学生的爱好和特长，做到既减轻学生负担，又提高教学质量。

（选自《段力佩教育文集》增订本，上海教育出版社 1989 年版，第 70—74 页）

把教师从作业堆里解脱出来

过去，由于长期以来我们学校领导要求教师对作业要精批细改，而且还经常查看教师批改作业的情况，久而久之，教师也都养成了这个习惯，每天都要花大量的时间于作业批改之中。以语文教师为例，一般语文教师总有这么几叠作业本：语文基础知识练习本、练毛笔的大小楷习字本、作文本、杂记本，班主任老师还有周记本。其余各科教师也有不少作业本。这样一来，就把教师淹没在作业堆里，整天东画西圈，忙个不停，使得教师无暇仔细备课，认真进修和充分休息，反过来也影响了教师教学水平与教学质量的提高。事关重大，我们做校长的决不可以为小事一桩，等闲视之，而应首先端正对批改作业的指导思想，从而总结出可以提高教学效果的办法，把教师从作业堆里解脱出来。

我以为，要把教师从作业堆里解脱出来，必须改革批改作业的方法。改革的关键，必须去掉教师头脑里的几个顾虑：一是怕不改、少改或不详改作业，会失去一根督促和检查学生做作业的"鞭子"，怕一些不自觉的学生没有了压力，会偷懒少做或不做作业；二是不改或不详改，会不了解学生的平时学习成绩；三是怕被别人说成偷懒或不负责任；四是怕引起家长和学生的不放心。要去掉这几个"怕"字，学校领导不但需要向教师作深入细致的动员工作，号召教师都来动手改革批改作业的方法，而且要向家长和学生讲清改革批改作业的方法，主要是为了通过改进批改作业的方法，使教师的宝贵时间不再耗费在作业批改上，把时间用在教材、教法的研究上，以提高教学质量。

那么，到底怎么把教师从作业堆里解脱出来呢？我们采取了几种方法：一是精批与略批相结合。如数理化学科，教师只改作业中的部分题目，即同类型练习题只改一题，其余略批或不改，只是对对答案而已；或者教师对学生作业轮流抽改，抽改的部分精批，这样教师可以掌握不同类型学生学习的状况，有针对性地辅导学生学习，可比原来批法节约时间。二是批与不批相结合。教师可以主动地根据不同情况，有时候精批详改，有时候不改，用小黑板公布答案，学生对照正确的答案进行订正，教师对共同性的问题进行重点分析纠正。三是面批。如作文、杂记、实验报告等，教师不可能对四十几个人个个面批，但可以一次批一部分学生，当面批改，口头授教，当场订正，这样印象深、效果好。四是学生批改、集体评议。如我校有一个班曾经试验过，学生完成作文后，必须认真作自我评改，并将写作意图、材料来源、构思经过等写在文章后面，作为该篇的附录一并交上。教师浏览过一遍，随即及时发下，在评议课上，先把每篇作文放在四人读议小组里交流讨论，然后在教师指导下，选出全班有代表性的作文，围绕作文的中心议题开展讨论，接着学生相互批改、写评语、打分数，并签上批改人姓名，最后再交给教师检查。在上述过程中，教师前后仅花四个小时左右时间，就能阅改一个班的作文。这样既减轻了教师负担，节约了时间，也使学生提高了写作的积极性。总之，只要调动了教师的积极性，从实际出发，从效果出发，不断总结，是一定能想出许多改革作业批改方法来的。

（选自《段力佩教育文集》增订本，上海教育出版社 1989 年版，第 149—150 页）

对中学"双基"提法的一些看法

　　青少年进了中学，便是进入了成长的关键年代。要通过思想和文化教育，把他们培养成为一个德智体全面发展的人。为了适应这种需要，中学的课程必须把社会的、自然的最基本规律作为学生必须掌握的基础知识。所谓基础知识，对中学生来说，也可说是带工具性质的。学生只有掌握了这些工具，才能够打开各项专业的知识宝库。对一个中学生来讲，掌握基础知识就是首先要求他们能熟练地运用。语言是一个工具，每一个人从小到大，都要掌握这个工具，才可能进行社会交往，才可能表达自己的思想、意见，发表自己的议论。所以，中学生学习语文，应该贯穿在各科学习中。而语文学科的教学，只是较为集中和系统而已。通过语文教学，让受教育者能综合地运用这个工具，并进一步学好各方面的专业知识。数学学科的课程设置，无非是要求学生能够掌握数的基本概念，基本定律，基本运算，凭借这个工具，通过抽象、演绎，符合客观规律地去掌握那些看不见、摸不着的更高更深的概念、定律和计算方法。所以，这些基本概念、基本定律便是抽象、演绎的工具。物理、化学、生物学科，既把基本概念、基本定律作为抽象、演绎的工具，也通过实际操作进行实验来运用这些基本概念、基本定律。美术、音乐、体育等学科，在中学阶段也是具有工具性的。所谓打基础，实际上是把各学科的基础知识作为工具来熟练运用与掌握。

多年来，不曾明确这些基础知识是工具性的。如语文教学越来越向单项训练发展。语文知识指什么呢？应该是语法与写作方法两个方面，其中包括语法、修辞和逻辑。这门学科的主要要求是掌握字、词、句、篇，能阅读和表达，能综合运用。而现在的语文教学，往往从单项水平来看的。各个单项成绩都不错，就是不会作文；有的作文只求辞藻华丽，而言之无物，甚至无病呻吟，空谈一通。原因之一，就是因为学生没明确它是一种工具。再从数理化学科看，一面高喊要抓好"双基"，一面没有又把"双基"当作工具，忽视了基本概念与定律的教学，却过分地强调了综合运用，这样就大做难题、偏题，使学生陷于题海之中。更为严重的是，把理、化、生各学科的实验操作停留在课本上，成为纸上谈兵，实际不会操作。什么是基础知识？什么是基本技能呢？因为对这些基本问题的概念没有很好明确，所以现在的教材失之于分量过重，同时教师外加的题目也过多。现在，有一部分学生虽然以高分被高校录取，但在学业上往往却跟不上进度。为什么呢？基础知识又在哪里？基本技能又在哪里呢？所以，我认为与其用"双基"的提法，不如明确指出：中学课程是基础性质的，又是工具性质的。

（选自《段力佩教育文集》增订本，上海教育出版社 1989 年版，第 95—96 页）

灌输与探索

　　现在大家在提倡启发，但是，我看到的好多教学过程，往往还是灌输的多。所谓启发，只不过是老师提出几个问题让学生回答。这种启发还是形式上的。为什么呢？因为这样启发的目的，只是为了使学生按照教师的灌输来理解书本知识、记忆书本知识。这样做的结果，学生是否真正把书本知识消化了，恐怕还是问题！那么真正的启发在于什么呢？我认为真正的启发，是师生之间对学习中的问题进行共同探索。怎样才算达到探索的目的呢？我认为真正达到探索目的，是弄清知识的本意、来源和它今后的发展趋势，让学生懂得今天所获得的知识只是相对的。

　　怎样做到同学之间、师生之间共同探索知识呢？关键在于在教学过程中调动学生学习的潜在活力和教师教学的潜在活力。潜在的活力是看不见的。到一个课堂里看到的往往是课堂气氛非常严肃，教师讲得非常清楚，学生听得非常专心，交来的作业非常整齐。但是，在这样的教学过程中，并未见学生之间、师生之间共同的探索，学生和教师潜在的活力没有调动起来。当然，这样的课堂气氛，从好的方面来讲是认真严肃，从坏的方面来讲，不过是灌输、强加而已，是被动的教，被动的学而已。相反，在教学过程中，学生之间、师生之间，如果能够共同探索知识，则课堂气氛必然比较活跃。长期以来，我们并不否认通过学校传统的教学方法，培养了一批又一批的学生，其中也有那么一些成为人才的。可是学生在求知的过程中，又多么苦呀！另外，许多学生所获得的知识，是死记的多，活用的能力比较差，更谈不上什么发展和创造。这是值得我们反思的。

灌输是一种陈腐的传统的教育思想。自古以来，人们都认为知识是要传授的。我认为现在恐怕不再是传授知识的年代了。教科书、参考书、讲义……都是通过文字语言来传播知识的。教师的作用，应该体现在调动他自己的活力，对学生加以启发、引导、点拨、解惑上和调动学生潜在的活力上。反对灌输，就必须讲究探索。我们经常听到，马克思主义要靠灌输。我不同意这个说法。我认为按照马克思主义思想，也一定是反对灌输的。如果说马克思主义要灌输，那么其他各学科的学习也都应该是灌输。但是谁都可能看到，灌输的结果，获得的是死的知识。

灌输就意味着强加。文化知识不能强加，思想政治教育也不能强加。人的成长过程如果是一个强加过程，那么活人都会成为死人。活人在他的成长过程中，核心问题就是一个活字。人受到了强加的因素，会导致抵触情绪的。我们的学校教育是培养人才的场所，我们普通教育是为培养全面发展的人才打下基础的教育，一定要懂得不断地调动人的潜在活力，通过教育把我们的学生培养得更活。只有这样，我们才能够提高全民族的素质，多出人才，出好人才。

（选自《段力佩教育文集》增订本，上海教育出版社 1989 年版，第 201—202 页）

课堂教学应当课堂了

长期以来，课堂教学带有严重的陈腐的传统，使学生淹没在课堂里拔不出来。譬如，上课讲解新课，下课要布置作业，各学科教师各有各的要求。因此，学生回家，要做没完没了的作业。再加上多年来片面追求升学率所常用的题海战术，一些学校要把学生从早到晚关在教室里，甚至在假期里还利用课堂补课。这样造成学生高分低能，胸无大志，体质羸弱，甚至埋没了人才。应该讲这是不符合社会主义教育方针的。多年来我主张课堂教学应当课堂了。

首先应当明白，课堂主要是学生的学堂，不是教师的讲堂。在课堂里的大部分时间应该让学生学，教师在课堂里的主导作用，主要是启发、引导、点拨、解惑。只有课堂教学课堂了，才能有充分的时间来开展课外、校外活动。在课外、校外活动中，发展学生的个性。这里所指的学生个性，是学生的兴趣爱好。只有充分发展学生的个性，才能使有培养前途的学生脱颖而出。

怎么能做到课堂教学课堂了？我认为应该用题目组织教材。现行教材太高太深，而且是跳跃式的，不讲反复上升。因此，以题目组织教材，可以以题目来理顺其系统发展和反复上升的关系。从教学方法讲，通过几个题目，由旧导新，让学生自己来领会新的概念。这样，学生对概念的理解，比教师讲深讲透还要深透些。

怎样以习题组织教材？我认为，一是上新课前，教师经过钻研教材，将要求学生掌握的基本概念，编成几个习题，让同学带着习题阅读课文，在教师的启发下，相互探讨，共同解题，对新概念就能理解了。二是教师根据教学经验和教训，对上几届教学中同学常常容易搞错的内容组织习题，让同学充分议论，分辨清楚。这样以习题组织教材，学生对概念就理解得更深了，对那些所谓难点，以及容易混淆的内容也就更易弄清楚了。三是教材本身前后是有联系的。从一节教材看，同学往往不注意，也不一定能看出，这就需要老师把教材之间前后联系，通过组织习题，使学生把新旧概念学得融会贯通。四是教材中有些例题过于简单，需要教师从不同角度组织一些思考性较强的习题和综合性的习题，让同学讨论和练习。这样以习题组织教材，可以培养同学的逻辑思维与举一反三的能力。

另外，还可以实验组织教材，让学生通过实验来理解新的概念。学生通过动手，观察现象，了解本质，使感性知识上升为理性知识，并有所发现，有所发明，有所创造。所以，动手实验，是个重要的途径。教材中的基础知识，大都可以实验的。而实验本身就是劳动，各科教育都应该是劳智结合的。通过劳智结合，培养学生应用能力和创造能力。

（选自《段力佩教育文集》增订本，上海教育出版社1989年版，第199—200页）

语文基础教学和读写能力的培养

几年来，上海市中学语文教学，从内容到方法都发生了显著的变化，取得了不少成绩。怎样在已经取得成绩的基础上，进一步提高教学质量？这是每个语文教师都关心的问题。这里，我想就语文课的基础知识教学和读写能力的培养问题发表一点个人的见解。

首先，我认为加强语文基础知识教学和基本技能训练的目的，是让学生能切实掌握语文这个工具，以更好地表达自己的意见，更快地提高阅读能力。中小学语文教学的目的，是教学生能够正确地理解和运用祖国的语言文字，达到能读会写，并且使他们的阅读能力和写作能力逐步提高，以适应继续学习和将来从事工作的需要。同时，通过教材内容的教育和感染，培养学生具有正确的思想观点和高尚的品德。学生掌握了语文这个工具，学习其他学科和知识也容易得多了。所以我们应该尽力帮助学生掌握语文的基础知识，加强语文基本技能的训练。

一、怎样进行语文基础知识教学

要谈这个问题，先要明确什么是语文的基础知识。据我的看法，语文的基础知识包括语音、识字、写字、辨词、语法、修辞、篇章结构等。我们学习一篇文章中的字、词、句、篇章结构，目的在于更好地掌握这篇文章，从而正确地理解文章所要表达的思想内容。从这样的认识出发，我就想进一步谈谈怎样教的问题。

先说怎样教字。天下没有无字的文章，阅读也离不开识字。而一字之差，往往会失之毫厘，谬以千里。可是现在有些学生，在读写中错别字还是很多，而且往往今天改了，明天又错了。这里的原因当然很多，但我认为在教字的时候，不能单纯让学生死记硬认，而必须根据汉字结构的特点，进行一些分析，使学生掌握一些汉字的形和音的一般规律。譬如说，字形上，可以让学生知道，"日""月"都是象形的；字音上，让他们知道"江""河"中的偏旁"工""可"，都和读音有关；偏旁上，让他们知道"衬裤"何以从"衤"，"祝福"何以从"礻"；等等。这样理一理，也就多少可以在"大、犬、太"的一点之差，"荼"和"茶"的一横之别上避免一些笑语。当然，这里所说的也可以适当运用我国固有的"说文解字"的办法来教字，绝不是提倡硬搬《六书通》。如果专讲什么象形、会意等，那就是外加的，徒然增加学生学习的负担，没有益处。

怎样教词呢？首先要把词义作确切的解释，对关键性的词，即使似乎易于理解，也不能随便放过。有个学生曾说："我的学习成绩节节败退。"也有人说："我得了一次五分，心里非常凉爽。"这种用词不当的毛病，就出在没有确切掌握词义。

其次，有些词，可以从它的组合、性质和来源等方面，来进一步讲清词义。例如"激动""激烈""刺激""感激"，可以从词的性质上作分析；"亡羊补牢""助纣为虐"可以适当地从成语的出处、典故上作些指点。这里，也要注意"适当"，如果专讲典故，那也会喧宾夺主，增加学习负担，分散精力的。无论认字辨词，都有一个反复运用、不断积累的过程。多运用才能熟练，多积累才能使语汇丰富。

　　我以为教句子，主要要让学生懂得句子的成分是怎样构成的，在讲解主谓语成分的基础上，帮助学生掌握句子的组成、变化，以及句子和表达意思的关系。我觉得句子的变化，一般是从主谓语的变化而变化的。如"孩子们的生活"，可以化出"中国的孩子们都过着无比幸福的生活"等等就是一例。如果讲清了主谓语的关系，那么尽管别人舞得刀光剑影，看来眼花缭乱，你还能清楚地看出只是一人一刀而已。

　　光分析句子还不够，如果不进一步讲篇章结构，那么，文章中有些是洋洋洒洒，有些是言简意赅，有些是壮丽宏伟，有些是质朴无华，有些是婉曼多姿，有些是铿锵激昂……这一切佳处，就都不能为学生所理解了。所谓讲篇章结构，我以为主要是从审题立意讲文章的起承转合，来龙去脉，帮助学生清理脉络，了解材料和中心的关系。文章的脉络是一直贯穿到字、词、句的，不弄清文章的脉络，也就无法真正弄清字、词、句的确切意义。例如陶铸同志的《松树的风格》，它的中心思想是歌颂为革命事业忘我牺牲的共产主义战士，但第一部分却着力描写松树的风格，这样描写正是为了突出第二部分的共产主义风格。这一脉络如果不理清楚，全文究竟讲些什么就不能说清楚，当然也不能讲清文章中的字、词、句的意义。

　　谁都知道，字离开了词和句，是毫无意义的；同样，一个词也只有在句子中才能显示它的意义。同样一句句子固然有它的一定的意义，但是离开了全篇，离开了上下文，就不能使人领会它所包含的生动、深刻的特定的意义。例如，如果把毛主席的《长征的意义》（初一语文）一文中"开动了每人的两只脚""长驱二万余里""纵横十一个省"这三句话各自分开来，那么，除了它们本身的意义之外，不能再给人以什么感受；但是一旦和上下文连贯起来，读了"天上每日几十架飞机侦察轰炸，地下几十万大军围追堵截，路上遇着了说不尽的艰难险阻"，再看"我们却开动了每人的两只脚，长驱二万余里，纵横十一个省"，红军的英雄豪迈的形象就挺立在我们面前了，这几句句子所包含的生动而深刻的特定的意义，才能展示无遗。可见，句子的精彩处，句子的生命力，不仅在于句子本身，而且在于它与上下文的联系；所谓上下文的联系，也就是篇章结构。

总之，字、词、句是构成文章的基本材料，必须加强这方面的教学，以解决当前学生中普遍存在的不能正确地遣词造句的问题。而要把有关的基本知识讲清、落实，我以为必须把遣词造句和构思谋篇的知识密切结合起来。

试以《长征的意义》进行分析：

第一步，从每一层的相对独立性，理清全文的篇章结构。文章的第一层指出长征的意义；第二层说明长征是历史上第一次，是宣言书，是宣传队，是播种机；第三层指出党的领导是取得胜利的根本原因；第四层指出革命的光辉前景。但是这样的分析还是表面的，因此，第二步必须从局部和整体的关系上，分析为什么要这样安排，点明这四层文章之间的内在联系。

具体地说，这篇文章一开始就开宗明义、高屋建瓴地提出长征的意义，作者通过这根红线，提出矛盾、发展矛盾并解决矛盾，这是沟通全文的脉络。最先提出的矛盾是：长征是不是历史上第一次？作者以红军艰苦斗争十二个月的豪迈气概，令人信服地论证了长征确实是历史上从来没有的；文章承这一气势，斩钉截铁地宣告红军是英雄好汉，与帝国主义及其蒋介石等无用之辈，形成鲜明的对照。再承这一气势宣布，只有红军的道路，才是人民解放的道路。这里，"不因此一举""迅速地知道""一篇大道理"等词句，起了承上启下的作用。文章写到这里，谁都会承认长征确实是翻天覆地的历史创举，红军确实是英雄好汉，红军的道路确实是解放的道路。于是又趁势强调长征是播种机，因为革命的真理一旦被广大人民接受了，它一定会发芽、长叶、开花、结果。这里，矛盾又发展了，红军同样是人，为什么能变成这样的英雄好汉呢？回答是，没有共产党，就不可能有这样的长征。长征的胜利，又反过来雄辩地证明了党领导革命战争的能力。文章接着趁势指出革命新局面的开始，最后指出西北是革命的曙光，延安是革命的圣地。

上面只是简单地分析了一下四层文章之间的内在联系。我以为通过这样分析，不仅使学生通晓全文，而且也使课文文字跳动，个个站立。接着就可以进行第三步的分析，推敲词句。例如这篇文章一开头就用"请问"来提出这件翻天覆地的大事让大家考虑，这也是对那些意存怀疑的人的大声喝问。喝问之后的词句，是字字符合一连串无可置辩的、斩钉截铁的答案的要求的，完全体现了红军的气概、红军的信心和红军的坚强。又如文章用"自从盘古分天地，三皇五帝到于今"，代替"从人类有史以来"等一般的笔法，不仅写得形象生动，活灵活现，而且也更加突出地表现了红军的气概。接下来又连用一个"请问"，行文到此，这一个"请问"就有大将升帐、令出如山的感觉。而"没有，从来没有的"中，"没有"两字的重复，语气之强，可说是达到无以复加的程度。除此以外，为什么不先论帝国主义及其走狗是无用之辈，而先说红军是英雄好汉，为什么用发芽、长叶等做比喻，为什么要按宣言书、宣传队、播种机的顺序来写，等等，都需要一一推敲，这里就不详细谈了。这样在分析结构的基础上，反过来再推敲文字，就能进一步使基础知识落实生根。

以上我所讲的在教学中要讲清字、词、句和篇章结构的关系，以及我对《长征的意义》的分析，都是说明讲解时必须是推敲式的。所谓推敲式的讲解，就是和同学们一起研究，指出这一段、这一句中为什么只能用这个字、这个词，能不能改用别的字、别的词。这样一推敲，字、词、句以至文章的生动性和生命力才更能显露出来，学生对有关字、词、句的意义和用法的理解也才能更深刻。如果把"开动了每人的两只脚，长驱二万余里，纵横十一个省"换成"徒步走了二万余里，经过十一个省"，那就不但毫无文采，令人兴味索然，而且根本无法体现出红军的前无古人和大无畏的革命英雄气概。

关于推敲，我还想多说几句话。我们的学生，即使是初中学生，学习祖国的语文文字，都已有七八年的历史，即小学六年的语文学习加上进入中学后的语言训练，他们对于现代文都已有一定的阅读能力，但读起来一般却是似懂非懂。就是对文章的表面意思是懂的，更进一步、更深一层的意义可就不懂了。因此，教师如何透彻了解学生的情况，针对他们似懂非懂的特点，使讲解符合他们的要求，是一个值得注意的问题。我以为注意多加推敲，可以部分地解决这个问题。例如："天上每日几十架飞机侦察轰炸，地下几十万大军围追堵截"的字面意义，学生们可能是懂的。但是，为什么这里不用"天上星光闪烁，地下积雪没胫"，或是其他的笔法，个中奥秘可就不一定能理解。而一经推敲，学生就能进一步领悟这些字、词、句在文章中的特定的意义和特有的作用，这对于培养学生读书和听讲的兴趣，提高学生遣词造句的水平和寻章摘句的能力，是有很大帮助的。总之，讲解中注意推敲，不仅能较深刻地阐明文章的意义，同时也能使学生感到一字一句、一层一节都是作者经过精心琢磨而设计的，从而加强了掌握字、词、句和篇章结构的能力。

但仅仅注意了推敲式的讲解，往往还不能透彻地剖析文章的丰富感情和文采，需要辅之以朗读式的讲解，通过朗读中的轻重缓急、抑扬顿挫，把文章的思想感情生动地表达出来，也就是形象思维与逻辑思维的结合。这样就能使学生听来眉飞色舞，击节赞赏，以至手之舞之，足之蹈之，乐此不疲，那就不仅为熟读背诵创造了条件，同时也可起到潜移默化的作用，使他们终身受用。

以上谈的都是关于现代文的讲法。至于古典文的讲法，道理还是一样的，同样要讲字、词、句，讲篇章结构。因为，古典文与现代文既然同是语言文字，就有共同一致的一面，这是基本的；但也不能忽略古典文的特点。一般说来，古典文的特点是含蓄凝练，这就是古典文和现代文不同的一面。讲解时就要针对这个特点，抓住它们共同的一面，把现代文和古典文统一起来。古典文的语序，有些是和现代文一致的。这里以高一语文中的《文天祥》为例。开头第一句是："祥兴元年十一月，天祥进潮阳县，已遂有陈懿之变……"这一句的语序基本上和现代文一样，只要把"进""已""遂有"等文言联用口语解释清楚，学生就可以了解其意义。这是一种情况。另一种情况是古典文的语序和现代文不适应的，例如"天祥被执于坡岭"。这就需要在逐字讲解后，再把它调整为现代汉语，说明"天祥在五坡岭被捕"。第三种情况是古典文中有些联系词是省略的，语气显得不够连贯，在讲解时就应该注意加以补充。例如"陈懿……与其党刘兴，数叛附为害，天祥执兴诛之"。这一句中"叛附为害"是因，"执兴诛之"是果，讲解时就需要补充一下："正因为这样，文天祥才捕杀了刘兴。"这样，语气就连贯了。

此外，不论对现代文或古典文，都应该注意运用课文中规范化的语言，即作者的语言来进行讲解。这是因为作者在写一篇文章时，他的语言都是经过锤炼的，比我们的语言要高明得多。如果教师在课内老用自己的语言来讲解，学生对作者的语言反而不熟悉了，这对他们牢固掌握知识和进行课外复习是不利的。我们应该充分重视教科书的运用，使学生在课内尽可能地熟悉作者的语言和作者的思想；只有在学生对作者的语言不能理解时，才能用教师自己的语言来加以说明。

二、怎样进行基本训练

我以为基本训练的目的，在于把学生已经掌握的基础知识化为基本技能，反过来又由此加深学生对知识的理解和掌握。因此，基础知识与基本技能的训练是相辅而用，不是互相分离的。

基本训练主要有讲、读、写三方面。

讲，就是口语训练。训练的方法很多，如要学生回答问题、讲解题词、口头造句、概述课文、分析课文层次，等等，如安排恰当，都是行之有效的办法。我认为在进行这些练习时，教师应该提出明确的要求，根据这些要求，指出答案中的优缺点，及时加以指导。应注意答案的内容，尤应侧重于语句的组成，结构的完整，用词的恰当等方面的推敲。此外还要注意适当地开展一些课外活动，如讲演会、辩论会、朗读会、活报、话剧等。这样，口语训练就可以灵活多样，丰富多彩。此外，还应该注意普通话的训练。

读的方式也是多种多样的。除教师范读外，对不同阶段、不同年级的学生，可以采取不同的口语训练，如学生齐读、默读、个别读、分行读、领读、扮角色读，等等，都可以适当采用。在这里，除了同样要提出明确要求和及时指导外，特别要注意防止"老和尚念经"式的读法。我们应该要求学生做到嘴在念，脑子在动，口脑结合，把文章的感情读出来，以收到读的效果。

另一个值得注意的问题是加强对学生的阅读指导，尤其是课内阅读的指导。我以为即使在课内，也可以利用规定的阅读课，指导学生有目的地阅读一些教材以外的文章。好多学生文章阅读得多，但理解不深，看过以后只留下故事的大概轮廓，原因就在于缺乏正确的阅读方法，教师应给以必要的指导。我们应该重视学生爱读书的条件，启发他们动脑筋，使他们阅读得更有趣，更有收获，并鼓励他们在课外读更多的好作品。因此，在阅读问题上，教师是大有文章可做的。

我所以主张在课外阅读教材以外的文章，是与我下面的意见结合起来的。我认为，可以选出一定数量的文章，要求学生在一年至三年的时期内，反复读，读到滚瓜烂熟的程度。精讲的文章必须精读，而一般的或属于同一类型的文章就可以有指导地让学生泛读。精讲精读的文章，求其知识的精深，而一般泛读的文章只要求理解，求其知识的广博。精读和泛读相结合，也就是使精深与广博相结合，使学生的阅读能力不断提高。这样，教师也就可以有更多的精力集中于精讲，把课讲精；学生有更多的精力把精读的文章讲到滚瓜烂熟。不必要求学生对所有阅读的文章都能背，不要平均使用力量。这样，教师和学生在时间上就比较充裕。

写的方式也很多，我想谈的一种是读书札记，一种是作文。关于读书札记，可以有整理，如整理词汇（按偏旁、部首整理，注音解释，积累而成词语手册）、整理语句、整理结构；可以有摘录，如摘录警句、摘录要点；可以有书评，大至评论，小至批语；等等。要使学生持之以恒，养成习惯。教师对待读书札记，要经常抽查，但不必要求学生缴卷，行有余力，也可以改上一二篇；但虽系抽查，仍应注意到全体学生。

关于作文。首先要明确范文与作文的关系。范文有指导作文的作用，因为写作能力的提高，是由模仿到创造的过程。而作文又能进一步消化理解范文，因为遣词造句以至布局谋篇，都离不开范文的借鉴作用。其次，对学生的作文应有指导，如审题的指导，立意的指导，谋篇的指导，等等。但关键在于命题，命题应使学生有理可说，有情可抒，有事可叙。作了文，就要批改，但是有的教师说，"先生改了半天，只换得学生看分数的一刹那"。这话是有无限感慨的。怎样才能改变这一情况，使批改真正能收到应有的效果呢？作文是综合训练，是一个极为重要的环节，一定要求认真做，一定要做到认真改。但真正的精批细改实在谈何容易，这里首先遇到的是批改作业和备课的矛盾。因此，我有这样一个想法，作文应该本本看，本本改，但不一定每一本精批细改，可以采取好坏两头重点批改的办法；对重点也要做到有计划地轮流，使每个人都能得到精批细改的机会。不仅如此，还可以结合课堂讨论，启发学生对同一作文题共同研究讨论，领会教师批改的意图。然后，教师再把经过精批细改的作文仔细分析讲解，并要求学生认真阅读，使学生进一步掌握与巩固作文的知识技能。这样把基础知识和基本技能的训练结合起来，作文也就成为名副其实的综合训练了。

（选自《段力佩教育文集》增订本，上海教育出版社 1989 年版，第 117—126 页）

语文教材改革的尝试

世界各国的语言文字的共同点是都具有广泛性与社会性。我们祖国的语言文字当然也是这样。

现在来谈一谈我们普通学校，尤其是中等学校，设置语文学科的目的和任务。对一个普通中学毕业生的要求，应该是能够掌握运用祖国的语言文字这个工具，并且达到熟练通顺的程度。诸如阅读书刊，表达所见所闻，交流各自的经验，抒发各自的感情，等等。编写语文教材的目的是给学生提供一些运用文字语言的模式，以帮助他们培养阅读和表达能力，以及为阅读各门学科的教材提供有效的工具。从这个意义上讲，各门学科都有语文教学的要求，而语文课教学只是较为集中，能起到指导作用而已。

语文教材，由于它的工具性强，内容涉及各个方面，上至天文，下至地理，旁及五湖四海。内容如此复杂，是难以像其他学科那样拾级而登、循序渐进的。譬如数理化学科，由前一个概念、定义、定理来推导第二个概念、定义、定理；从史地学科来看，历史一般是从古代史开始，讲到近代史、现代史，从本国讲到世界各国；地理则从山川讲到物产；政治学科从道德品质教育到法制教育，到政治经济学常识以及哲学常识。语文教材内容复杂，教学中往往出现违反学生认识规律，让学生在弯路上摸索的情况，因而严重地影响了语文教学质量的提高。比如长期以来，语文教材从小学开始就脱离了学生的语言实际，孤立地进行拼音识字教育，进而成人化地东一篇来西一篇地编写；中学语文教学突出的是古今名篇也只能东讲一篇，西讲一篇，而且一篇文章可以任意地放在不同年级上。这样，虽然每周的课时是不少的，但是很容易打断学生的思路；另外也很难让学生有反复加深的机会。所以要提高语文教学质量必须编好教材，在复杂的内容当中，尽可能系统地，让学生拾级而登，循序渐进。这是一个问题。

其次，语文教学质量的提高，不能够单靠语文学科。语文学科与其他学科相比，如上面所讲的，只是对语言文字教学比较集中而已。当然应该看到，语文对一个普通学校来讲，是一个基础学科，但这个基础学科也是工具性特别强的学科。因此它的内容不能够拘泥于名篇、名作家的文章，应该考虑到教材内容的趣味性、感染性和应用性，是学生所能够感受的。脱离学生的生活感受，一定会导致学生学习乏味、枯燥，不能够真正理解、消化。教材的成人化、老化，必然违反学生的学习心理。历年来，不管语文教学如何增加分量，增加课时，多数学生却存在着重理轻文的思想，除了学习的目的性不明确外，道理也许就在这个地方。

我认为，语文教材必须使学生有生活感受。这个感受在纵的方面是逐步上升的；在横的方面应该带有童话性、故事性，有连续发展的情节。因此，我经过反复考虑，就用古典小说连回编选来作教材。根据学生的生活感受以及语文水平的高低，初一学《西游记》《水浒》，初二学《老残游记》《镜花缘》《儒林外史》，初三学《红楼梦》《三国演义》等。上列小说都选择一个中心，如孙悟空大闹天宫，连回编选十至二十回。高中以司马迁的《史记》中的列传为主，加学《战国策》等论说性散文。到高中毕业的那个学期，才从语法、修辞、逻辑等方面来整理过去所学的语文知识。

从文章来说，《西游记》并不比《水浒》浅，《儒林外史》也不比《老残游记》深，但总的来说，这些著作的词、句，都有它们通俗的、易懂易写的应用性。所谓应用性，是指那些记述日常生活的具体、细致而又生动的词句。又因为《西游记》是一部优美的神话小说，适合于刚从小学升上来的初一学生学。《水浒》则已由人妖之间的神话幻想转向现实社会，开始认识封建社会政治上的黑暗，社会上贫富的悬殊，人民所受的煎熬。而《老残游记》则让学生们在学过《水浒》，熟悉了贪官污吏鱼肉人民，官逼民反的基础上，进一步认识封建社会里还有某些所谓"清官"，实则是酷吏的残暴昏庸的虐民行为，进一步扩大学生的视野。至于《红楼梦》，那更是一部集大成的政治历史小说。它展示了封建社会阶级矛盾和阶级斗争的各个方面。《三国演义》所反映的三国时代封建统治集团之间的矛盾和斗争，结构宏大，人物众多，内容复杂。总之，它们的内容，使学生易于感受。《三国演义》虽还有古代白话小说的痕迹，但基本上已属浅易文言，安排在初三下学习，作为进入高一学《史记》的过渡，也是比较合适的。这样的安排就是根据学生的年龄特征、生活感受，从具体到抽象，由形象到概括，逐步提高的一条"纵"的序。

另外，在语言文字方面，章回小说是古代白话，但一些富有生命力的词句，至今还出现于我们的书面和口头上。特别是由于篇幅长，容量大，可供选择的余地很大，适应学生程度需要的文字比统编教材多得多，这也就是文字的应用性和广泛性。而且小说各章回中出现的字、词、句，常有反复。随着连回编选内容的发展，情节的变化，特别是这些教材主题的逐步深化，都在这些词句中表现出来。随着故事情节发展的需要而变换的写作方法，最能体现其表情达意，突出中心的作用。所以教连回编选的小说，语文基础知识不但不会削弱，而且比以文体知识组成单元各自孤立、深浅不合度的篇目凑合在一起进行语文知识教学来得自然、有效。学语言都是从现象开始，从习惯开始，而不是从理论、从概念开始的。每个年级在连回编选的若干章回中，多次接触到各种写作手法，这就是学习语言文字的多次反复、逐步深化的过程，也就是我们语文教学的"横"的一条序。

这一"纵"一"横"的两条序交织起来，犹如织布时的经线和纬线，再加上把课外阅读抓起来，这样对解决课堂教学的局限性与语言文字的广泛性、社会性之间的矛盾，就能收到较好的效果。

我校经过一年半的实践，以学《西游记》为例，是有收获的。

《西游记》的作者采用浪漫主义的创作方法，他的想象力丰富，笔下神通广大的孙悟空，狡诈多变的白骨精，清静幽雅的庙堂，庄严富丽的天宫……为培养学生的想象力起了很好的作用。学生学习了《西游记》，在教师的指导下，运用学到的知识，塑造了以新形象孙悟空为主角的《孙悟空东游记》小说、故事。学生们饶有兴趣地写出一批有质量的"故事新编"：有介绍学校生活的《孙悟空游育才》，有妙趣横生的《孙悟空游上海动物园》，有展望世界局势的《悟空阿富汗之行》，有憧憬二十一世纪现代化美景的《师徒游宇宙城》……作文内容丰富多彩、语言文字生动活泼。有的学生续写《东游记》，还有的学生开始创作科学幻想连载小说、科学惊险小说等。学习了《西游记》，丰富了学生的想象能力，发展了学生的形象思维能力。

由于《西游记》有趣味性、连回性，学生们读完全书后，对书中师徒四人的性格特征有了全面的了解。我们就因势利导，让学生写些简单的人物评论，逐步培养学生的分析、概括能力。结果学生解放思想，联系实际，写出了一批有自己独特见解的小评论。在评论孙悟空时，一致肯定了他的机智、勇敢、坚定、神通广大以及尊敬师傅的优良品德。有的同学谈到要学习孙悟空"一日为师，终身为父"、尊敬老师的品质；在评论唐僧时，除了指出他好善慈悲性格中软弱的一面外，很多同学又称赞唐僧"路途艰险，信念不变"，坚持取经的精神；在评论猪八戒好吃懒做时，又肯定他的贡献大于过失，认为同学之间相处也应看到别人的长处；在评论沙僧时，称赞他是一个任劳任怨，肩挑沉重行李而从不显耀自己的劳动者，认为做人要具有这样的美德。这些文章能概括小说中各种不同人物的性格特点，立论正确，论据充分，有一定的说服力，说明学生的逻辑思维能力和表达能力都有了提高。

由于《西游记》趣味性强，学习起来气氛热烈，我们就利用这种有利因素，在课堂上积极创造条件，组织学生复述章回内容，分角色朗读小说，让每个学生开口。现在初一学生人人能讲有关孙悟空的故事。课内是这样，课外一些同学还乐意当小故事员，在家里或里弄里，主动对弟妹及周围的小朋友绘声绘色地讲述《西游记》故事，提高了口头表达能力。同学们的书面表达能力也有了提高。据初步统计，初一学生掌握新词约五百个，优美的词四百个，四字短语、成语、俗语二百个左右，熟读诗词五十首，超过了教学大纲的要求。现在学生写作的兴趣很浓，写诗、写散文、写故事、编剧本，写作能力都有明显的提高。有位同学写的童话长达三千三百字。初一有位同学还获得了《青年报》1980 年中学生暑期作文比赛三等奖。

总之，要选小说为教材，最主要的是为了解决"纵""横"两条序，以便学生拾级而登，循序渐进。由于这样编选教材适合学生的生活感受，使学生产生了浓厚的兴趣。我们语文课的课时减少了，重理轻文的现象反而有所克服。

话还得说回来，我们以教学古典小说连回编选的教材为主，但统编教材中某些现代文还是要学的。

（选自《段力佩教育文集》增订本，上海教育出版社 1989 年版，第 80—84 页）

作文的评分标准是什么?
语句不通怎能成文

作文的评分标准很难掌握,因为它不像数学学科,有个科学的标准,3+7=10,答案准确就可打 100 分。物理也可根据实验结果打分。而语文以什么来评分呢?一篇文章的好与坏以什么标准来衡量呢?过去有许多古文、诗歌写得很好,这些文学作品不少是文学家在受到打击、贬谪之后写的,有的是牢骚。对这些作品怎么打分呢?李白的诗歌打几分?唐宋八大家的散文又打几分呢?我说语文这门学科没有绝对的答案,这些流传千古的文学作品,历来人民也只能给以一定的评价,却无法打分。一篇合格的作文,起码应该是言之有物,语言通顺。若思路清晰、有创见的,词句通顺、组织严密的就是好文章。现在对作文都用百分法记分,我看这种记分方法不科学,打等第较客观些。

在这次高考作文中,不少同学因作文不切题而丢了分,影响了升学。一篇作文怎么算切题呢?我认为不能按上面制定的具体杠杠来衡量。每一个作文题,都可以从不同的角度去写。写《画蛋》读后感为什么非要千篇一律地写一个主题呢?可以从不同的角度、用不同的体裁去写,用议论文、记叙文的体裁去写,化成一个故事去写也未尝不可,主要在于考查考生的真实水平。如果非要考生去写一个规定的主题，这样的高考不是发掘人才，而是在扼杀人才。当前作文教学的重点，主要应该是反对学生写空话、假话、套话，如有这样的作文，我看只能打中等以下。现仍有不少学校在搞"八股文"教学，而且中毒很深，课堂上老是进行那种枯燥无味的教学，写天就是蓝蓝的，写星星必定是闪闪发光的，这种教学害死人。

作文评分以什么为主呢？教育部颁发的中学语文教学大纲中已有规定。我赞成以语言文字为主，要言之有物。语文是工具，语句不通怎能成文，又怎能讲清道理？一篇好文章首先应是语言通顺，层次分明，这两点反映出一个人的思维能力。学生作文难免会存在一些问题，如思想不够健康，观点欠正确等。但这些不能影响评分，思想问题不能靠语文教学来解决，这是德育问题。事实上学生作文中观点反动、思想不健康的是极少的。

对作文评分标准问题的讨论实际上牵涉到文道问题，评学生作文我的态度是要重"文"这方面。学生作文和文艺作品不同，决不能以文艺批评的标准去看待学生作文。学语文的目的只有一个：掌握工具，用这个工具去学习其他东西，去从事各项社会活动。归结一句话，语文是工具，语文课的任务是教会学生掌握和运用这个工具。

（原载于《语文学习》1981 年第 1 期）

再谈语文教学改革

　　我们育才中学在语文学科中，既采用自编古典小说的教材，又用二分之一的时间进行统编教材的教学。这里主要谈谈我们改革统编教材的教学方法的尝试。我们改革教学方法的一条原则，是以评论的态度进行教和学。统编教材编选的内容，一般是名家名篇。我们认为，什么文章都不是天衣无缝、完好无缺的，都有它的历史局限性。现在不少教师在教学时，一味美化课文的思想，远远超出了作者本人在当时的思想认识和表现手法。因此，以评论的态度来学习课文，就不至于以这些所谓"范文"来框住学生，做到"范"又不"范"，能够活跃学生的思路，让学生觉得更主动、更活泼。另一条原则，在教学过程中对课文的思想性不任意拔高。由于名家的生活感受本来已大大地高于青少年学生，如果再经过教师拔高，讲得很玄，这样就游离于学生的生活和思想的实际，肯定是难以理解的，或者顶多学到了一些干巴巴的教条。这是浪费课堂教学的宝贵时间。

　　我们对统编教材的基本教法是：一次多篇（一节课即一次），几次反复，辨词辨句，练词练句，讲清词句与主题关系。具体地讲，就是在教师指导下，让学生对课文进行比较和分析，找出重要的词语，并说明这些词句反映什么，与主题有些什么关系，为什么要用这些词句来反映主题，用另外的词句行不行。这样的教学过程，也就是让学生探索的过程，也就是让学生更好地掌握遣词造句这个语言工具的过程，也就是培养他们阅读能力的过程。这些过程中，包含着对这些名篇的评论。第三条原则，既是语文学科，那么它的重点是语言文字的教学。语文课以语言文字为重点，绝不是忽视思想教育。因为只有学好了课文中的语言文字，才能深刻领会课文的立意和主题思想，使学生真正受到正反两方面的教育，而不是强加的。过去曾经有过文与道的争论。我不知道这个问题至今争论清楚了没有。我认为不论文或道，都应当言之有物，言之成理。言之无物就是空话，言之而不成理则是胡言乱语了。所以我强调说，抓住词句这个重点，是不会忽视思想教育的；何况中学生学习语文的目的，不是要求他们成为文学家或文学史家，而主要是掌握语言文字这个工具。

关于学生的作文，我是一直不同意命题作文的。我认为由别人命题作文，文章是写不好的。从历史上看，保留下来的好文章，以及名家名篇，大都不是别人命题而作的。在以八股取士的年代里，那些命题作文都是公式化的、言之无物的东西。因为没有保留价值，所以也就保留不下来。再说，长时期以来命题作文，已经充分地暴露出它的恶果，写的内容很多是空话、套话、假话，写作公式化，文章千篇一律、千人一貌；而遇到实际问题需要用文字表达时，却束手无策，写不出来。有的学校规定学生两周一次作文，一方面教师感到题目已经出尽；一方面又要强调教师对作文精批细改。其实效究竟在哪里？我们学校教作文的方法是：除要求学生对所读的古典小说和统编教材进行书评外，要求学生每周写一篇杂记。杂记由学生自己命题，内容就是学生生活中的所见、所闻、所感。比如，在书评中他们评到唐僧，指出他是非不分，人妖颠倒，没有原则，但坚持去西天取经这一点还是值得称赞的。评论孙悟空有尊师的美德。评论猪八戒功大于过。评论沙僧任劳任怨。有的杂记从孙悟空游天宫谈到纵观世上正在发生的事情，都是言之有物、言之成理的。

我也不赞成教师对学生的作文精批细改，主张让学生在课堂上在读议小组里自己相互批改。学生相互批改的过程，也就是他们相互探讨、学习的过程。教师在他们相互批改的过程中轮换抽查，并结合学生的文章进行语法教学，有时则面谈指导。

（选自《段力佩教育文集》增订本，上海教育出版社 1989 年版，第 210—211 页）

略谈政治课的任务和教学方法

中学政治课的任务，是以马列主义、毛泽东思想的基础知识武装学生，提高学生认识问题的能力和政治觉悟，培养学生的共产主义道德品质，教育学生坚持又红又专的方向，逐步树立无产阶级世界观与人生观，立志为人民服务，为实现祖国的社会主义现代化而献身。

怎样更好地完成政治课的任务呢？考虑到中学生的知识实际和理解能力，应该把政治理论常识化，使学生较易接受。如果教学时，从概念到概念，从理论到理论，名词术语、定义和定理过多，则学生既难于接受，也难于联系自己的思想实际，甚至会导致学生死记硬背，高分低能。这种教法严重一些说，是浪费青少年的青春。

如何上好政治课？我们育才中学的教学方法是读读、议议、练练、讲讲，也就是有领导的"茶馆"式的教学方法。所谓有领导，就是教师的启示、引导、点拨、解惑、总结等。所谓"茶馆"式，就是放手让学生提出问题，相互讨论，畅所欲言，各抒己见。这个方法的关键就是七嘴八舌，相互启发，更好地发展学生的思维。这种讨论，可使教师知道学生的思想情况，从而为有针对性地讲授马列主义、毛泽东思想的基本观点创造有利条件。这样上政治课是不是把政治课搞乱了？不正确的思想会不会泛滥？这个顾虑是没有必要的。一个人有什么思想，他不在这里讲，就在那里讲。与其让学生在背后喊喊喳喳，不如让他们把议论摆到桌面上来。这样，才能有的放矢地进行引导和教育。否则，让错误思想在背后泛滥，倒成了一个严重的问题。我们不能害怕学生在桌面上谈出一些不正确的思想。如果害怕，甚至回避矛盾，只讲些理论条条，不接触学生的思想实际，那么，这种政治课教学是没有意义的，甚至是有害的。

采用有领导的"茶馆"式的教学方法，对政治教师的要求更高了。为此，政治教师必须更好地钻研马列主义、毛泽东思想，提高理论水平。否则，教师就不能发挥主导作用。教师还必须学会以谈家常、讲故事的方式，做学生的思想政治工作。我说的家常，岂止是家常；我说的故事，岂止是故事，而是改变那些说教式、公式化的教育方法，而采用有效的办法，进行思想政治教育，更好地完成政治课的任务。

（选自《段力佩教育文集》增订本，上海教育出版社 1989 年版，第 206—207 页）

政治理论课改革的尝试

运用政治理论教材，对中学生进行思想政治教育，是一个重要的方面。但目前政治理论课教材，存在着严重脱离中学生思想与社会政治、经济、生活实际的弊病。因此，我们育才中学对此作了一些改革的尝试。

改革政治理论课，我认为有三点必须注意。一是要顺应历史的发展，着重把马克思主义最基本的常识性的观点和当前学生的道德品质、理想抱负相结合；二是既要联系历史，又要联系当前政治体制和经济方面的改革；三是要改革教育方法。

从学校政治学科的历史渊源来说，有修身、党义、公民等。都集中反映了当时统治阶级对学生的政治要求，但都不是学生所愿意学习的。新中国成立以后，我们也设置了政治学科，它是党和人民对学生的政治要求。开始的时候，由于我们党的威信高，循循善诱，使学生乐于学习，得以健康成长。近几年，由于十年内乱的余毒未清，以及对外开放，给学生带来了一些资本主义思想。因此，我们的教材，除了一些基本的理论知识外，还要联系学生的思想实际；而且还要通俗易懂，形象生动，使学生愿意学、愿意接受。在教育方法上，要注意让学生畅所欲言，各抒己见，多摆问题，多举实例、实事。不求毕其功于一役，但求逐步提高学生的马克思主义理论水平。

我们育才中学一年来，根据上面说的政治学科教材编写和教学方法的指导思想，把政治课改为政史课（其实是中华人民共和国的公民课，内容上做到改革开放、搞活和坚持四项原则两个基本点的结合），取得了一定的成效。但政史结合，不等于政史合并，而是政治、历史两门学科的横向联系和加强。

我校一年来政史结合的教育情况如下：

（一）初一年级进行以共产主义思想为指导的青少年道德品质教育。教材内容是中外古今的舍己为人的英雄人物故事。编写的内容是避熟求生，防止学生熟而生厌。教育的方法，由学生先讲故事，而后是大家讨论。再由学生联系所见所闻的好人好事，由近及远地从身边的先进同学到校外的英雄模范人物，作为学习榜样。

（二）初中二年级进行法制教育。教材的内容是遵守法制、严格执法的海瑞、包拯等人物故事。教师又介绍了"四人帮"中的姚文元和他《评海瑞罢官》一文的观点和内容，引导学生展开讨论，提高认识。我们在自编的教材中，又以故事的形式叙述了我国从第一部宪法到第四部宪法产生的历史过程，使学生认识到新的宪法来之不易，应当自觉地遵守。我们又组织学生在报刊上搜集法制案例进行剪贴和学习，从而提高了学生学习法制的积极性，并收到了较好的学习效果。

（三）初中三年级以社会发展的观点学习中国历史的纲要。

（四）高中阶段，高中一年级以政治经济学的基本观点，来分析中国现代史。高中二、三年级也分别以历史和形势、政策为实例，学习我国社会主义的特点，领会开放与改革政策和精神。

（选自《段力佩教育文集》增订本，上海教育出版社 1989 年版，第 208—209 页）

考试方法必须改革

学校各学科的考试考查目的，无非是检验学生掌握知识的情况，总结教师教学工作的经验和教训。当然，高一级学校，还有个择优录取新生的目的。但是，长期以来，在考试考查工作中存在不少弊病。

其一是抓得太多，统得太死。一提考试考查，就是统测统考。于是，年级统，学校统，区里统，市里统，试卷满天飞，试题汇成海。考后又是质量分析，又是订正补遗，课时加码，习题加码；教师忙碌不完，学生连连叫苦，以考试为畏途，视读书是苦事。

其二是只管"填鸭"，不管消化。为了应付考试，争取出线，于是什么"适应性练习""模拟考试""大运动量训练""考前练兵"等名目繁多的变相考试应运而生。苦得学生疲于奔命，忙于应付，没有一点学习主动权。学生反映"我们好似惊弓之鸟，始终处在担惊受怕之中"。一场突击过去了，有的学生即使考上了高校，仍是基础不扎实。

其三是加班加点，忽视学生健康。为了应付众多的测验、考试与考查，随之而来的是进度快、时间紧、题目多。怎么办呢？于是教师加班上课，学生加班做习题。学生们说："我们现在处在'三无世界'（即无课外文娱体育活动，无节假日，无休息日）之中，生活枯燥乏味。"

这样的考试考查有害无益。一害学校，破坏了学校正常的教学秩序，违反了教育规律。二害学生，学习囫囵吞枣，一知半解，不能消化。更为严重的是，久而久之学生整天埋头学习，不问政治，不关心国家大事，缺乏远大革命理想和宽广的革命胸怀，损害了学生的身心健康，影响了德、智、体全面发展，影响了人才的培养，于国家于个人都贻害无穷。所以考试考查方法必须改革。

我认为，对学生的考核必须建立在教师对学生的经常了解、经常检查的基础之上。考核的目的应该是促进教育和教学质量不断提高。通过不带突击性的考试考查，调动学生的学习主动性与积极性。

我们学校在这方面作了一些尝试。具体的做法是：

第一，明确考核目的，强调教师对学生的经常考核和了解，考核的方法，结合平时教学工作，进行口头或书面提问，但不能形成一个环节，可以在课堂内作一二十分钟练习，也可以在课余由教师找学生有目的地谈话，进行了解与考核。不使学生感到有压力，视为正常的教学活动。

第二，选题得当，化整为零。如化学教研组对学生考核每日一题，数学教研组每日一练，物理教研组每课一题，等等。这样分散以后，学生对考核不再作为负担，通过日积月累，对于逐步熟练巩固所学知识大有好处。化学教研组两年来持之以恒，坚持不懈，已积累三百七十多题，内容广泛，有基本概念、基本理论、计算、实验等几个部分。

第三，废除单元测验，改为指导学生开卷总结。我们已废除了按单元的测验，改为开卷总结。通过开卷总结，学生在教师指导下，自己整理教材的系统内容，自己找出教材重点、难点与关键，自己选择有关习题，最后找出知识的内在联系，对所学知识按阶段进行回顾与总结。学生反映："这样做，线条清楚，理解深刻，不易忘记。"

第四，取消期中考试，改革期末考试。自1978年秋新学期开始，我们取消了期中考试。实施以来,全校情况良好。期末考试实行口试与笔试同时举行的制度。理科口试,着重检查学生理解基本概念和运用的情况,测验学生的思维能力,培养学生口头基本运算的能力。文科口试,着重检查学生对于正确观点的理解和运用,语文、外语课的听、说、读、写能力培养等方面的情况。口试时,学生可以独立思考,也可相互启发、议论,教师和同学还可及时质疑,被试的同学应进行答辩,以求对知识的融会贯通。口试时还必须边答边板演,注意培养提高学生口头表达的能力。

通过口试与笔试的结合,比较全面地检查了学生学习的质量;同时,也可从中分析研究教师教学工作的经验与教训。最后,还要强调一下,频繁的考试,必然导致学生在学习上的突击,突击是学习的大敌。分数固然是表达成绩的,但是不应以分数去刺激学生。学生得到高分,感到兴奋,但这种兴奋,不一定都是正常的;相反,拿不到高分的人,又会在学习的积极性上受到挫伤,我们必须严重注意。

(选自《段力佩教育文集》增订本,上海教育出版社 1989 年版,第 77—79 页)

伯乐、千里马与考试

　　"世有伯乐，然后有千里马"，这句话又对又不对。对的一面是有了相马的伯乐，才能识别出千里马，不对的一面是从这两句话看，伯乐好像是天生的，千里马也好像是天生的。从我们教育工作者来看，两者都不可能是天生的，都有一个培养与教育的过程。问题是如何培养与教育。从伯乐看，是能看中人才；从千里马看，是人才被发现了的人。从我们今天来看，是如何端正人才观，通过我们的教育来培养人才和发现人才。换句话说，是如何把培养人才和识别人才结合起来。从培养人才来说，必须反对平均主义的要求。因为平均主义导致扼杀人才；从识别人才来说，必须反对全才的要求。因为全才的要求，导致真才不能脱颖而出。今天的学校教育，往往以考试来刺激学生。通过考试，使教师成为伯乐。从挑选合格生来讲，长久以来就是通过考试这个唯一而简便的办法。我们从长期实践来看，以考试刺激学生，以考试选拔人才，往往是高分低能，这是众所周知的。考试时取得高分的学生，曾几何时，所学的东西都抛到九霄云外了。从这种情况看，要做伯乐是否单凭考试手段就行？要培养学生，是否让学生为考试而学？这很值得我们深思。

　　从学校来说，到底怎样来了解一个学生、一个教师呢？我认为，不论是学校领导去了解教师，或是教师去了解学生，都应该从人的特点出发，从正确的人才观出发。人是复杂的，光凭简单的考试，是不能全面了解人的。作为一个教师来讲，能为人师表，教书育人，确有其学识修养的问题，也有其情操和抱负问题。怎么把教师培养成伯乐？怎么把学生培养成千里马？应该从实践中不断考察，总结经验。仅仅看档案材料，不可能真正识别一个人的才能和道德品质。同样，看学生的档案，也只能看到平时成绩，考试成绩，品德评定，也不可能全面了解他的才能和品质。这里一个突出的问题，是怎样来认识考试。我认为人才不是用分数可以评定的。凯洛夫的五级记分法比百分制记分法科学些。人才怎能从百分来考虑，一分、半分之差，能否真正区别人的差别？这是大家经常遇到的问题。

考试实际上就是淘汰制。我认为我们社会主义国家的教育，要提倡竞争、鼓励，但不能淘汰。我们既反对平均主义，又不能丢卒保帅；只顾尖子，排斥一般。学校对教师的评定，也应通过教育、教学工作的小结，经过评议，重在"鼓励"。以己之长来克己之短，各有所长各有所短，使教师能扬其所长，避其所短，各得其所，把教师的积极性调动起来。

学生总要从小学升初中，初中升高中，有些将由高中升大学。究竟应该如何择优升学？我认为最科学的办法，是推荐与考试相结合，通过师生共同讨论推荐，修改名单，补充名单，反复讨论，然后确定，做到合情合理，让大家都愉快地接受。其中推荐是主要的，考试可作为重要参考资料。因为考试的命题带有一定的偶然性和局限性；学生的答题也有一定的偶然性。所以，推荐与考试相结合是比较科学的。

（选自《段力佩教育文集》增订本，上海教育出版社 1989 年版，第 188—189 页）

学校的领导与治理

办学应当多样化

按现行学制，在我国有为学前儿童举办的幼儿园，有从小学、中学到大学的全日制学校，也有中专、技校、职业学校，有各种职工业余学校，还有包括文教、卫生等方面的各种进修学校，等等。有全日学习的，也有在职业余学习的。上列各种学校，一般都是由国家投资的。在国家财力、物力还有困难的今天，这些学校不可能多办。因此，很多青年读了中学之后，得不到进一步学习的机会。这是一方面。

另一方面，现在的大学很大，而且一般都只招收住读生，这就反映了大学里可用作教室的潜力是有的。全日制中学的教室，晚上一般都空着，说明教室使用方面还有很大潜力。从师资力量来说，目前多数大学的师资潜力不小，中学师资编制也很宽，还有一些精力比较充沛的退休教师，可以充分发挥作用。

成千上万的青年学生是有志于学习的，其中也有很多人愿意支付一些学费以取得学习的机会。这种学费也可以看作是社会的投资。把国家投资与社会投资结合起来，挖掘师资、房屋的潜力，让有志于学习的青少年，在各种类型的学校中继续深造，应该说是符合实际的，可行的。

多样化的办学，其实质就是用多种途径培养人才。例如大学，招一些走读生，办一些分校，或者办一些夜大学，不仅可行，而且好多大学已有了这方面的经验；在大学的协助下，在全日制中学里办一些夜大学，搞一些教学设备，不要设太多的专业；一些就业所需的专业，也可以借用中学的教室，招收一些学生进行培训。至于怎么办学，这里提出几条建议：

一、在党的领导下，以计委为主，教育部门负责，从四化建设的需要出发，有计划地组织办学。

二、学生学完某种专业，掌握某种技能，经过考核合格后，必须明确承认其学历，让他们有被量才录用的机会。

三、在全市成立考试委员会，让经过各种途径培养出来的人，经考试合格，发给证书，承认其学历。但考试方法要研究，避免考试中出现的偶然性。通过考试，选拔有真才实学的学生。

四、在全市成立一个工作分配委员会。这样可以人尽其才，各得其所。当然，在正式就业之前，最好有一个见习时期，见习合格后，方能作为正式就业人员。

多样化办学，是从实际出发的，是符合我国目前客观需要的。我们全日制中学的校长应热情支持这件事，而不能把它当作额外负担。

（选自《段力佩教育文集》增订本，上海教育出版社 1989 年版，第 20—21 页）

对办好普通教育的建议

过去，我国教育工作中的一个缺点是共性考虑多，个性考虑少。我认为，现在应该是在共性中发展个性。事物的发展总是不平衡的。尽管都是中等学校，但由于各校的领导力量、师资水平、学生情况、学校传统、设备条件等不尽相同，所以就不宜统得过死。因此我建议：

一、给学校以机动权。在党的教育方针指导下，学制、课程设置、教学大纲、基本教材，全国可有一个范本，但学校应拥有一定的机动权，以便从实际出发，讲究实效。

业务上，学校可以有改革权。有权对课程、课时、教材作具体的调整或变更，各校可不划一。课程设置，像文、史、地、数、理、化、音、体、美，社会科学与自然科学的基础知识教学，都要从初中一年级开始，让学生在中学阶段，即成长的关键时代，就能有所掌握。具体如何设置，学校可自行安排。现在我们育才中学已考虑开必修课、选修课。课时，可根据各学科的性质、各年级学生的特点作合理安排，不一定堂堂课都规定为 45 分钟。特别是教材，现行教材一定要大改。现在的教材，内容深，量过大，脱离学生实际水平。学校可以参照教学大纲，按照教材必须有系统性、反复性、联系性、主从性、普遍性、趣味性等原则，作恰当的增删或选编。教学方法，应允许百花齐放。总之，要培养学生善于发现问题、探索问题的自学、自创能力，应根据学生的实际，因材施教。

对于学校的教育经费，各校可在规定的使用范围内，有自由支配权。国家按学生人数拨下的教育经费，除教师工资外，建议包干使用，节约归校，自由支配。

人事方面，学校要求教师队伍相对稳定。上级要调动教师，应听取和尊重学校的意见。教育工作周期性长，稳定教师队伍，有利于更好地培养和考察教师，形成一支有优良传统又有特色的教师队伍，有助于教育质量的提高。

二、学制。初、高中各三年。我们要培养德、智、体全面发展的人才，在时间上要有回旋的余地。近几年来，靠加班加点发展智育，结果影响了学生的德育和体育，造成顾此失彼。因此，可适当延长学制，使学生在中小学阶段把基础打得牢固一点。这样，不仅有利于向各行各业输送合格的劳动者，也能保证高等学校招收新生的质量，避免一些学生因学习基础不够扎实，进到高等学校以后学习跟不上。

三、教师问题。对教师要信任。我们认为，不负责任的教师毕竟是个别的，大多数教师都是勤勤恳恳地工作，应该相信他们。有的学校坐班制已经执行不下去了，可是领导人宁可睁一只眼闭一只眼，也不肯说一句取消坐班制的话，这是不相信教师的表现。

应尽可能给教师创造好的工作条件。我们育才中学新盖了一幢教学大楼，最好的房间作为教师的办公室，校长室则是最差的房间。

教师的工资待遇，是不是可以有一个底薪，即开始参加工作时的工资数，然后过两年加一次；整个国民经济情况好了，可以加得多一些；

对那些不负责任的教师可以不加薪，而对做出特殊贡献的教师则可以多加薪。各行各业的工资差别不宜太大，教师的工资可以略高。

（选自《段力佩教育文集》增订本，上海教育出版社 1989 年版，第 159—161 页）

关于中学、小学、幼儿园的衔接问题

中学、小学、幼儿园之间，既有它们的相对独立性，也有它们的相互联系性。因此，我们的指导思想应该在考虑它们各自的相对独立性的同时，还要考虑它们之间的联系性，即它们的衔接问题。这几年，我们在有关学校和幼儿园作了一些初步试验，下面谈一些看法。

孩子从三岁到六岁，在幼儿园生活。这些幼儿的特点是爱"动"，他们生活的中心是"玩"。同时，由于他们离开父母的怀抱还不久，所以对他们还有一个特定的义务，就是要"养"。我们对他们的教育，应该寓"玩"于"养"之中。我们应该组织他们在游戏活动中，接触多方面的事物，培养他们的识别能力和思维能力，让他们从对各种事物的不系统的认识活动中，逐步使自己的认识系统起来，并且逐步培养起语言能力与记数能力。这种游戏活动应当由低到高，由简单到复杂，同时又要辅之以吃好、睡好。这些都反映了幼儿学前教育的相对独立性；为他们进入小学学习打下基础，这就是学前教育与小学教育的联系性。

幼儿进了小学低年级，教师必须开始考虑把学生掌握的语言逐步文字化起来，符号化起来。在符号化的过程中，逐步发展他们的语言和记数能力。但是仍然要求他们做到睡好、吃好、玩好，玩仍然是他们的一个重要生活内容。在上海市静安区第一中心小学一年级，我曾经做过一个试验：把原来十二节语文课砍掉一半，改为六节；把六节语文课（包括拼音、识字）同音乐课、体育课、卫生课、科常课和算术课联系起来。试行了两个月，学生们学习拼音、识字，都非常巩固与熟练，进度和效果都不低于上十二节课的学生，而且这些小学生感到轻松、愉快，改变了过去爸爸、妈妈陪同孩子读书的现象。这样设置语文课正是照顾了小学低年级教学的相对独立性，也照顾到了幼儿时期语言发展的联系性。

到了小学中、高年级，学生学习课时逐步增加，课程门类也逐步多了，那就必须重视体育、音乐、美术这些科目的设置。我们给学生每天都安排一节体育课，隔天上一次音乐课。这样做是为了使他们逐步从低年级时"好玩"的特点转到适应文化科学知识的学习。这不仅考虑到了小学中、高年级学生学习的相对独立性，又考虑到了与中学阶段学习的联系性，为他们进入中学学习打下基础。

进入初中阶段，必须认真考虑少年的特点。可以通过开展文娱体育活动与各种科技活动，引导他们学好各门学科。这就是根据初中学生的相对独立性，在小学获得的文化知识的基础上设置课程，把小学与初中联系起来，让学生逐步地掌握社会的、自然的最基本的规律。像育才中学，初中学生要学习语文、政治、外语、数学、物理、化学、生物、地理、历史等课程，体育课每天有，音乐课每周一节。在这里，必须注意初中一年级学生与初中二、三年级学生有着重要的区别。因为初中一年级学生还有一个如何适应刚从小学进入中学这样一个具体情况。

通过初中阶段的学习，要求学生对于社会的、自然的最基本的规律，能够比较全面地掌握。到了高中，又在初中阶段的基础上稍稍加深一点，扩大一点，分量不宜过多，要求不宜过高，但要作为高中学生的必修课。必修课的目的，一是继续进行教书育人，二是使学生掌握这些既是基础知识又是工具性的学科，三是让学生对所学的基础知识能够终身享用。为什么在高中阶段还不能要求过多过高呢？因为一方面需要他们掌握共同的、必需的基础知识并作为工具来运用，同时又要注意发展他们的个性，开设一些适合于他们个性要求的各种选修课。选修课是在必修课的基础上，加以巩固、加深和扩大。育才中学从高一下学期起，就开设文、史、地、数、理、化等各个方面的选修课。初中则开设适合于他们生理、心理特征的选修课，如音乐、器乐、美术、美工等选修课。开始时，我们担心高中生必修课分量多，只允许每个学生选修二门，经过实践，我们把必修课分量减低、要求放低、课时减少，使每一个学生可以选修三门。这样做的好处，能够让一个高中学生既学好必修课，又能根据各人的兴趣和所长，从选修课中得到更多的知识，使每个学生都能有所发展。这样做，既承认了中学生通过中学阶段学习掌握必需的知识，又结合选修课注意与大学专业的联系性，与就业的联系性。

总之，我们的教育工作既要考虑从学前教育到高中毕业各个阶段的相对独立性，又要考虑它们之间的相互联系性，做好衔接工作，这样就可以改变片面地强调幼儿园为小学服务、小学为中学服务、中学为大学服务的不合理状况。

（选自《段力佩教育文集》增订本，上海教育出版社 1989 年版，第 22—24 页）

教改与人才培养

　　人的成长，人才的培养，离不开教育。教学是达到教育目的的主要手段。教学是双边活动，而学生的学是重点；教师的教则是在教学过程中，对学生起启发、引导、点拨、解惑的作用。学生是学习的主体，学而时习之，学而时用之，从而取得教学效果，达到教育目的。老传统在教学过程中，片面强调了教师传授知识的作用，这是不利于人才开发的。因为课本已通过语言阐述了课文的内容，传播了知识，经过教师的点拨、解惑，培养学生自觉自创的能力。同时，学生的读书求知，还应当和参观、访问、考察、调查等社会活动结合起来，和科技活动、生产劳动结合起来，让学生动手、动脑，手脑并用。不怕千次失败，只求一次成功。当然，这些活动在中学阶段，也不能安排得太多，应当顾及教学的需要和学生的精力。

　　求知本是一件愉快的事。人能够成才，必须求知，而求知必须勤学，所谓学而时习之，不亦乐乎。但是为数不少的学生，却感到读书不乐！这就不能不研究应当怎样办好教育，做好人才的培养工作。首先要相信人各有其才，怎样从人的实际出发，在求知过程中循序渐进。要做到因人制宜，因材施教，循循善诱，使学生学而时习之，不亦乐乎。

我们应当相信，儿童也好，少年也好，青年也好，都是要求学习的。为什么呢？因为他们精力旺盛，爱学习，喜模仿。但学什么，怎样学，就大有讲究。有些学生，因为学习不得其法，结果收效甚少；也有些人，因为好样不学而学坏样，结果堕落到犯罪的深渊。

导致青少年学生不学好样的原因固然很复杂。但是当他们在学校学正道时，学校和教师没有从他们的实际出发，循循善诱，循序渐进，因材施教，使他们感到学而不悦，成为思想负担，则是不无关系的。一部分有志向正道学习的学生，他们以考上大学为目标，其结果成为高分低能。这些情况能说是培养人才之道？能说是尽到了学校和教师的责任吗？

另外，我们有些教师也没有端正对习题的看法。习题应当看作是教材的重要内容。当一个新的概念出现之后，往往有好多习题要解答。但不少教师都将它作为学生的回家作业来布置，而没有在课堂内引导学生进行共同探讨和练习。新概念出现时，也没有组织学生相互研讨，而只要求学生听教师的所谓"讲深进透"。这样，课堂成为教师的讲堂，习题当然作为回家作业了。但更严重的是，让学生成为分数的奴隶。奴隶怎会愉快呢？不愉快怎能学好呢？这是与人才培养相矛盾的。长期的习惯势力，导致现在的统考成风，凭几个题目一试定终生行吗？科学吗？我看科学地考核是十分必要的。我们学校采取推荐与考试相结合的办法，实践了几年，效果还是比较好的。

什么是神童？什么是差生？这在人才培养中是值得严重注意的问题。甘罗 12 岁当宰相可算是神童吧？张衡算不算神童呢？而明代的阿留算不算低能呢？人是没有全人的，那也就无所谓全才。人是各有所长，也是各有所短的；扬长避短，才是人才培养之道。某一个体育运动员取得了世界冠军，可以算是神童了吧，然而取得冠军的运动员对于微型电子计算机很可能一窍不通，那么这个运动员是否就是差生呢？有些人对于人才的看法，往往还是陈旧的，只局限于读写算，似乎离此便一概不承认，条条、框框一大堆，结果是扼杀了人才。

平均主义、门门满分，是培养人才的又一大障碍。有些教师认为既是"三好"学生，便不能有一门学科"开红灯"的。其实"三好"学生是否都能成为人才呢？而开了一门红灯的人是否就不能成才呢？被人们所承认的学者、专家，他们在学校有多少是门门满分的呢？应当看到，人才是多方面的，人才的培养，应该注意和发挥人的特长，不能搞一刀切，搞平均主义。

考试是否是发现人才的重要途径？我看古往今来人才都不是通过考试来发现的。好多王佐之才也不是经过考试而发现的。"孙子兵法"至今还有用，但孙子是经过什么考试的？诸葛亮是家喻户晓的王佐之才，他又是经过什么考试才发现的？好多的发明家，又是经过什么考试才发现的？我国科举时代出过许多状元，在这些状元中到底有多少是人才？人才是要选拔的，但如何选拔，是个大问题。现在的统测统考，都有标准答案，但这个标准答案往往把应考人的创见抹掉了；统测统考的题目，有不少是偏于死记硬背的。这样的方法能真正地选拔人才吗？是走向其反面，淹没了人才。我们学校已取消了所有测验和考试。我们在开学时，就向学生宣布：只要认真上课，不迟到，不早退，认真读读、议议、练练，那么成绩起码是良等。把套在学生头上的紧箍咒先拿掉。我校成绩计算是：优、良、中、及格与不及格，平时让师生进行三三两两口谈、笔谈，心情舒畅。这不仅改善了师生关系，而且让学生在教师的指导下学习、提高。实践结果，学生的自学能力增强了。至于今后是否能够成为人才，当然现在还很难说，但是这些学生不会当分数的奴隶。

（选自《段力佩教育文集》增订本，上海教育出版社 1989 年版，第 190—192 页）

改革教育　把人教活

我认为当前教育的弊端是，不是把人教活，而是存在把人教死的倾向。因此，教育亟待改革。

一、关于人才培养

不改革考试制度，就搞不好教育，出不了人才。因为有学习潜力的人不一定都能达到录取线。学生把全部精力投入考试，考了就丢，这是害人的。有的学生政治考试分数很高，但却向往资本主义社会。中学千万不能搞学分制，因为中学阶段是基础教育，要为学生打好各个学科的基础。

对于高考学生"看分数定志愿"的做法，我认为是实用主义，会促使学生胸无大志。学生从小不树立理想，不愿到艰苦的地方去工作，怎么出得了人才。现在社会上不少人把人才只局限于学士、硕士、博士的范围内，这是形而上学的观点。历史上许多发明家不一定是有高深学历的。

当前普教最大的问题，是没有从人的实际出发进行教育。学校教育更不能只见分数不见人。电脑固然是有用的，但是用电脑管人却是大错特错。有人主张把学生的品德化成分数，品德居然能程序化，是应该认真研究的。

现在社会上关于神童的思想也很严重，总想缩短学制。实际上人的能力是多方面多层次的（其中应以真才实学，有工作效果，有所发明，有所创造为主）。历史上大器晚成者不少。国际上的"第三次浪潮"对我们是个冲击，但不能破坏教育固有的规律。把培养人才局限于读书是不全面的，应该培养学生动手的能力。我不赞成提什么"第二课堂"，科学的提法应是课内课外相结合。

二、关于课程设置与教材问题

当前普教最突出的问题是教材太深，一味想赶所谓国际水平。教学内容没有反复，只是直线上升，这不符合学习规律。只有降低教材难度，方能提高教育质量。千里之行始于足下，欲速则不达，片面强调科技，重理轻文是不对的。多年来普教的失败在于学生动手动脑被死记硬背挤掉了。人的特点就是手脑并用，我们的教材必须体现这个特点。

课程设置及课时规定不应当"一刀切"。在理论上大家都认为音体美也是重要的，但实际上并不重视。语文课课时最多，但是质量一年不如一年；教材不讲应用性，只是向名家名篇看齐。我认为现在的语文课时可适当减少些；外语课应天天有，必须每天练，否则便不能学好外语。

三、关于普及义务教育

九年制义务教育不能"一刀切"，要实事求是，这是正确的。但是我认为不要随意搞什么"六三"制，"五四"制，应当逐步做到九年一贯制，一年一年衔接好。不搞小学毕业考试，有利于循序渐进。我校准备与一所小学挂钩，该校毕业生全部进育才中学，这才能体现中小学的衔接，对事业很有好处。有人担心差生来校影响质量。我看，一所学校如果不能教好差生，那还算什么教育呢？

上海人口变化趋势很不稳定，已面临着小学生入学高峰。小学千万不能搞两部制，如果搞两部制，这些小学生放学后到哪里去？家长又怎能安心工作？这会酿成社会问题。我主张高中可以实行两部制，有利于让学生到图书馆自学，培养自学能力，有利于学生发展兴趣爱好。有的学校有住宿条件的，可多招高中学生住读，这对于培养学生多方面的能力也是有利的。

我认为幼儿教育阶段，也应纳入普及义务教育的范畴。因此，较全面的提法，应当是普及十二年义务教育。

要逐步取消重点学校，学生就近入学的地域不能划得太窄太死，在一个区内流动，对学生而言并不算太远。

（选自《段力佩教育文集》增订本，上海教育出版社 1989 年版，第 196—198 页）

以教学为主全面安排学校工作

认真地抓好教学和全面安排好学校的各项工作，是贯彻执行党的教育方针不可分割的两个方面。学校领导工作如果只停留于一般工作的安排，不能深入到教学中去，教育质量不可能全面提高；而孤立地抓教学，不注意全面安排好思想政治教育、科技、文艺、体育、卫生等方面的工作，看不到这些工作和教学工作的内在联系，教学也是抓不好的。我们要全面贯彻执行党的教育方针，就一定要使这两方面的工作有机地结合起来，以教学为主全面安排学校各项工作。为了做到这一点，我们除了进一步加强教育方针的教育，提高师生的思想认识，调动师生的积极性以外，在具体安排上主要抓住以下几环：

首先，安排好时间。根据全面贯彻党的教育方针的精神，把学校的各项活动都列入"课程表"中，使学生各种课外活动，包括时事形势课、校班会、团队活动、体育锻炼活动、文艺活动、各种学科活动、科技活动等，都能在时间上得到保证，不至于被教学挤掉，以保证学生能在各方面活动中得到补充和提高。此外，根据劳逸结合的精神，确保学生有八到九小时的睡眠时间；布置给学生的课外作业，除了应从教学工作本身去改进解决外，我们还对每天的课外作业量加以控制，这主要由班主任和任课老师协商安排。

其次，统一安排各方面的力量。每学年开始以前，我们都全面、合理地安排班主任工作、思想政治教育工作、教学工作，以及团队、科技、文艺、体育等各方面工作的力量，使各方面的工作都配备有一定的骨干力量。我们除了依靠教研组集中力量抓教学外，同时也继续保持和发挥年级组在学校工作中的作用。此外，还注意发挥学生组织的作用，对他们提出一些切实可行的要求，定期进行检查和研究，不断提高活动的质量。

第三，把全面安排落实到每天的学校生活，落实到每一个学生。近年来，我们对每天的学校生活，比较注意以下一些方面：学生是否带学生证入校；早上的时间学生是否用于读书或锻炼身体；早操与眼保健操学生是否认真进行；上课时学生是否专心听讲，全校能否保持良好的秩序；自修课学生是否专心自学，或做作业、预习与复习；放学、吃饭学生能否做到遵守秩序，不争先恐后；饭后学生是否好好休息；各种课外活动学生是否认真参加；学生是否按规定准时离校；等等。为了使全面安排落实，我们除了加强正面教育之外，还在这些环节上建立制度，督促检查，使之持之以恒。此外，我们还培养学生养成很好地利用时间和独立安排生活的习惯。

（选自《段力佩教育文集》增订本，上海教育出版社 1989 年版，第 33—34 页）

深入教学第一线

校长要抓好教学工作，是靠坐在校长室里听听汇报、发号施令，还是深入教学第一线去领导？我们的做法是把办公桌搬出校长室，深入各个教研组，与教师一起办公，一起备课，一起进修，一起听课，一起评课，一起活动，掌握教学工作的第一手情况，及时针对问题研究解决。这样既能密切与群众的关系，又能加强对教学工作的领导。

校长抓教学，光凭教学大纲对各个年级提出教学进度和要求是不够的。因为各个年级、各个班级学生的基础与接受能力是各不相同的。所以必须深入教学第一线，了解实际情况，提出符合实际的教学计划，才能切实地提高教学质量。

也可能有人会说：校长工作头绪多，会议多，很难挤出时间去第一线；听听教导主任、教研组长以至备课组长的汇报，同样能知晓学校教学工作的全面状况。我们认为，学校是基层，作为基层领导的校长，如果主要依靠听汇报过日子，那必然会增加许多会议，增加层次和忙乱。相反，校长与副校长带领教导主任，分头深入各教研组，则可以亲眼看一看，亲耳听一听教学的实际状况。遇到问题，只需在现场交换意见，便能又快又准地解决问题，这样也能省去许多大小会议。

教师是学校教学工作的主力军。校长在工作中要尊重他们,依靠他们。如果校长脱离群众,高高在上,孤家寡人地坐在办公室里,除了使教师对你"敬而远之",增加隔阂,还有什么好处呢?有些问题本来是一件小事,只需讲几句话或提个意见就能很快解决的;如果领导不下去,一碰上问题就请有关的教师到校长室来谈话,便会增加教师的思想负担,以为工作中出了什么大问题,思想上就把"门"关上了,不容易有真正的感情交流。领导与教师朝夕相处,一起生活,共同工作,便会无话不谈,教师即使有什么思想问题,在平时闲谈中,三言两语就能解决问题。

校长深入教学第一线以后,便有可能发现教学中的好苗子,加以培养和扶植;发现教师的先进思想,进行发扬和表彰;发现某些教师工作中的不足之处,也能及时帮助改进。譬如,我们发现有的教师在课堂内讲得太多,太琐碎,一讲到底,束缚了学生的思想,不利于学生思维能力的发展。我们就与教师一起研究改进,并总结了一些教师的好的教法,结果总结出了"读读、议议、练练、讲讲"的教学形式,提高了教学质量。再如,我们发现数学教师在高一年级搞了一个青少年数学爱好协会,对发展学生智力,培养学生能力很有帮助,就予以发扬推广,结果物理、化学等学科也相继成立了类似的学习组织。

校长还应亲自兼点课。校长兼课能体会教学工作的甘苦,能够与教师有更多的共同语言,并可以从中更好地探索教学规律,借以指导学校教学工作。课时的多少,应从实际可能出发,可以任教一个班,也不妨与另一位教师合教一个班,一起备课,一起切磋。

校长要沉下去,是会碰到不少困难的,所以一定要决心大,克服"怕"字。有的人讲:"整天与教师一起,有什么话好讲?"有的认为自己业务不精,下去后会被动。我的体会:人的才能总是有长短的,懂就是懂,不懂就请教,只要抱着虚心好学的态度,真心诚意地向教师们请教，一定会得到广大教师的欢迎和支持的，是会与教师取得共同语言的。有了沉下去的决心之后，还要摆脱会议成灾的羁绊。党中央早已提出了要精简会议的主张，我相信经过努力一定能处理好这一问题，校长们可以抽出更多的时间深入教学第一线。

当然，深下去还要上得来。就是下去抓住了问题以后，还要从党的教育方针以及教育思想的高度，来解剖问题，解决问题。这样，才能身在师生之中，又保持清醒的头脑，带领师生共同前进。

（选自《段力佩教育文集》增订本，上海教育出版社 1989 年版，第 30—32 页）

集体领导与民主管理

一个学校要管理得好，必须加强集体领导。集体领导体现在解决各种问题上必须经过充分的讨论，高度地发扬民主，而后在此基础上加以集中。这样作出的决定，才能体现大家的意志，也较能反映客观规律。因此，作为反映广大教职工意见的教工代表大会和反映学生意见的学生代表大会，就是加强集体领导与加强民主管理二者结合起来的好形式。

育才中学几年来多次召开了教工代表大会和学生代表大会。实践证明，这样做有利于管理好学校。育才中学从 1979 年以来，开过二届五次教代会。第一届第一次会议于 1979 年 11 月召开，中心议题是改革教学方法；第二次会议在 1980 年 4 月，中心议题是关于课程设置的改革；第三次会议在 1981 年 11 月，中心议题是巩固和发展育才优良校风，加强学生思想教育，教师要教书育人，为人师表；第四次会议在 1982 年 4 月，中心议题是讨论研究减轻学生负担，提高教学质量。第二届教代会是在 1982 年 11 月召开的，中心议题是加强集体领导，加强民主管理。会上还作出了一些有利于民主管理的措施，如：定期召开教工代表会议，检查教代会决议执行情况；确认教代会是经常组织；改选工会委员，候选人由代表讨论后交付全体委员表决；学校教改的重大问题、学校大事，必须召开教工代表会议讨论决定；新工会委员及教工代表小组组长组成常设机构，负责促进更好地民主管理，加强集体领导。

教代会是群言堂，广开言路。教代会有助于学校领导在会上倾听群众的意见和呼声，加强民主管理；有助于沟通集体领导与民主管理的渠道，使学校领导和全体教工对学校的一些重大问题能更好地统一认识，统一步调，进一步调动教职工的积极性，推动和促进学校教育工作。在育才中学，教代会的作用具体表现在以下几个方面：

1. 充分发扬民主，广泛听取群众意见。第一次教代会时，学校主要领导和教师对学校的教改在认识上很不一致。教师对高考很担心；怕升学率不高，社会压力太大，教师的面子，育才的牌子都要砸了。教代会一开，群众你一言，他一语，好像烧开的沸水，纷纷发表议论，大家把要说的心里话都讲出来了。因为来势很猛，学校领导缺少思想准备，有的便沉不住气，感到受了委屈，怕群众否定成绩。于是，学校领导班子马上开会研究。我在会上说，成绩不摆跑不了，问题不摆不得了，群众议论学校工作是好事，要让大家把心里话讲出来，才能找到问题。学校领导要以积极的姿态保护和支持群众的正确意见，正确对待群众的批评；即便有些群众的意见不正确，他们在自我教育中也会逐步提高认识。教代会前后，学校的党支部、工会和行政，又召开了各种类型的座谈会，参加者达100多人次。领导决心听，决心查，决心改；群众也对教改问题越议越深，越议越明。一致认为，既要坚持教改方向，又要从实际出发，根据不同学科不同年级的实际来贯彻新教法，坚持读读、议议、讲讲、练练的教法，促使学生在德智体诸方面生动活泼主动地得到发展。

2. 依靠群众力量，集中群众智慧，办好学校。育才中学在全国有一定的影响，外地和本地经常有同志来参观听课，学校领导忙于接待汇报，陪同参观，精力转不到抓教学上来。因此，群众迫切要求采取措施，改变这种现象。经过大家想办法，提措施，定下了两条：一是对一般参观者从人数到参观日期都采取相对集中，学校指定干部负责接待；二是请参观者随堂听课，教师正常上课，不打乱教学计划。这样，领导和教师便能集中精力搞教学，有利于建立一个稳定的学校教学秩序。1980年初，学校在断续进行教学方法改革的同时，准备对课程设置、课时安排和教材处理等问题进行改革。为此，学校召开了第二次教代会。群众经过认真讨论，认识到课程设置要考虑给学生以终身受用的最一般、最必需的自然科学和社会科学知识；课时安排要反映课程设置的目的和要求，要考虑学科性质与学生的思维状况的相互调节，促进德智体全面成长。有同志说：外语课原先45分钟一节，每周4节180分钟，现在改成30分钟的小课，每周安排6节课，做到每天一节课，让学生天天接触外语，对提高外语教学质量很有利。同样，如果每天让学生有一节体育课，对增强学生体质也大有好处。学校领导听取了大家意见后，先后进行了四次大改动，使课程设置和课时安排更臻合理和完善。育才中学每当面临重大改革时，总是通过教代会，达到全校上下认识一致，精神振奋，秩序稳定。

3. 通过教代会共商共议学校大事，能够调动教工的积极性，提高教工主人翁的责任感，有利于形成教师集体。1981年11月育才中学的第三次教代会，是以振奋精神，巩固和发展育才中学优良校风，进一步按党的教育方针，搞好学校教育、教学工作为议题的。会议要求教师发挥主导作用，要教书育人，为人师表。会上，老教师代表、原育才毕业生代表，以及现在在校任教的教师，都回顾了老育才的优良校风，深情地诉说好校风对自己的熏陶和对自己成长的影响。大家在忆校风、查问题、提建议时，针对当时学校思想政治工作的薄弱环节提了改进措施。代表们认为校风包括领导的作风，教师的教风，学生的学风；而领导的作风又会影响教师、学生的教风和学风；同样，教师的言行又会影响学生的学风。因此，必须从领导抓起，从教师做起。

4. 教代会促进了学校领导作风的转变，密切干群关系，有利于监督和批评学校领导。过去学校领导也强调要深入实际，但就是深入不下去。教代会后，学校领导执行教代会的决议，纷纷坐到教师办公室去和教师一起办公，受到了群众的欢迎和支持。领导深入实际后，在群众中学到了不少东西，掌握了不少第一手资料。由于领导心中有了底，情况明，所以心里比较踏实，办法也比过去多了。群众反映现在与领导的共同语言多了。领导在贯彻工作时也比过去顺利了，工作效率也比过去有了提高。教师看到领导采纳了群众的意见，改进了工作，积极性也更高了。

实践证明，只有加强民主管理，才能调动群众的积极性，搞好集体领导，办好学校。

（选自《段力佩教育文集》增订本，上海教育出版社 1989 年版，第 167—170 页）

校长工作谈

　　我担任校长工作已有四十年了，说有些经验并不为过，有些理论也很自然。当然，这其中也有许多教训，值得吸取。我想就自己的工作体会，谈以下几个问题：

一、怎样团结教职工

　　（一）在长期的工作实践中，我深深地体会到：团结工作的总的指导思想是党的统一战线的政策思想。具体讲就是无论在民主革命年代，还是经济建设年代，求同存异，是团结工作的关键。求同为主，存异为副，而且求同是求大同；存异是存小异，逐步把小异转化为大同。当然也应该看到同与异是永远存在，如果能不断把异转化为同，也就可以说，我们的团结工作在进步。同与异也随着历史的变化发展在变化发展着。就目前来看，事业性与工资福利待遇，影响着教育工作的开展，又怎样来求同存异，把教师团结起来呢？我认为：知识分子的事业性还是主要的，是共同的。但是钞票挂帅的是有其人的，想多一些钞票的也是普遍的。然而这和他们的事业性来比还是次要的，如果我们能通过正道，把体力型劳动转化为智力型劳动，这样，学校可以有一个财源，以使教师多得一些钱财，转过来又促进了教师的事业性，把小异转化为大同，从而可以促进教师间的团结。事业，这是大同，某一些个人的收益则是小异；各司其职，各负其责，这是大同，混合一起吃大锅饭则是小异，从事业出发，调动了大家的积极性，造成好的校风，如果以精神鼓励为主，物质鼓励为副来对待教师，这不也是求大同存小异把教师团结起来了吗？当然，对一些只考虑个人，托故不为工作着想的人，作为一个校长，应该看到，这不是小异问题。譬如：对极少数的混天儿的教职工，就不能手软，否则，就不通情达理了；而且，带有不利于团结的所谓小异，这是一个破坏性质的异，必须正确处理。

（二）对待教职工的安置，必须人尽其才，各得其所。作为一个校长必须具有一个基本观点，即人无全人，才无全才；必须做到扬其所长，避其所短，而且要看到，长中有短，短中有长。只有依据这样的基本观点，才能做到人尽其才，既重视了知识，又发挥了知识分子的作用。多少年来，由于片面追求升学率，学校有所谓把关教师之说，导致教师间不团结，是否有那么一个关要把？校长必须十分注意，不要因一叶而障目，影响到人尽其才、各得其所的安排。在校长的周围，往往有些教职工对校长是言听计从的；也有些教职工对校长有这样那样的意见；还有一些教职工，对校长是敬而远之的，比较多的是认认真真地工作而默默无闻的。作为一个校长，如果没有一个人尽其才、各得其所的用人原则，如果不防止偏听偏信，如果不防止自己喜听好话，那就不能很好团结教职工而形成优良的校风。

（三）必须看到教师是在不断地提高和进步的，防止把教师看死。为什么学生在升级毕业，而教师就停止不前呢？作为一个校长必须看到教师的提高和进步，才能够做到人尽其才，各得其所，才能够调动教师的积极性，做到团结奋斗！

（四）了解和同情教职工的疾苦，力所能及地适当地解除他们的疾苦，尤其是中青年教师，工资低，家庭负担很重，那样为什么不可以取消坐班制而加强值班制呢？我们对教师的要求就是很好地完成教育教学任务。我们首先应信任教师是能够这样做的。中小学教师的社会地位不高，那为什么连我们自己也要强迫他们坐班呢？说到底，作为校长来说，无非是为了方便自己，可以随时召人谈话、开会而已！学校可以通过伙食房尽可能地为教职工买一些生菜或者半成品，可以为教职工解决一些烹饪难的问题，为教师解除一些其他的家务。如洗衣、洗浴、理发等。这些都是团结教师不可忽视的方面。以上从思想上工作上谈了四个方面团结教师的问题，虽然这几个方面不能说成是校长一个人的作用，但是校长应起重要的或者是主要的作用。

二、勇于探索，勇于改革

在指导思想上，为了办好我们以共产主义为指导的适合我国国情的社会主义的学校，就不应该安于现状，应该是勇于探索，不断改革。在这一方面，我自己有一个不自觉到自觉的过程。例如：新中国成立以后，怎样办好一所社会主义的中国普通初中呢？在那个时候，我确是不自觉地对当时教育现状感到不满，也就不自觉地不断实践，不断总结，终于我得出这样的结论：只有减轻负担，才能提高质量。负担从哪里来？就是过分地突出了教师的主导作用，从而导致学生陷于被动地学习，形成负担重而教学的质量不高的实际。1964年我校总结出"紧扣教材，边教边练，新旧联系，因材施教"十六个字，就是为了让学生学得更主动些。在课堂上多解决一些问题，做到减轻负担，提高质量；广泛地开展课外活动，又提高了学生智能。经过十年内乱，总结正反两方面的经验，感到1964年的经验，其侧重点还在于"授"，学生学得更主动显然不够，因此随着教学方法的发展，就形成"读读、议议、练练、讲讲"的形式，把教学侧重点放在"学"字上。党的十一届三中全会制定了以实事求是为核心的路线、方针、政策，号召大家解放思想。此时，我对教育改革的认识，由不自觉逐步转为自觉，感到进行学校内部一系列的改革，首先是探索教育规律，然后是进行改革的实践。这里要谈几个问题。

（一）解放思想问题。为了探索教育规律，必须解放思想。解放什么思想呢？解放那些僵化了的思想，那些脱离实际的教条主义思想。根据什么来解放思想呢？必须在党的十一届三中全会所指定的路线、方针、政策的指引下，坚持四项原则来解放思想，绝不是因解放思想而形成自由主义思想泛滥。这样才能反掉"左"的公式主义的僵化思想，才能防止停步不前的右的思想，从而才能够从实际出发，实事求是地探索出规律来。客观规律，一定要从实事求是的工作中反映出来。现在我们学校工作中拔苗助长的情况十分严重，这种情况也严重地影响了教育效果的提高，在培养人才的过程中埋没了许多人才。所以为了探索规律进行改革，就必须解放思想。

（二）学校教育，既有其相对独立性，又要随着政治形势的发展而发展，不仅是为之服务，而且要作用于它。所谓学校教育的相对独立性，体现在学校教育的效果，周期律是比较长的，所谓服务，所谓作用，也就是着眼于有用人才的培养。培养人才如果不看到过程中周期是比较长的，那就会操之过急，导致拔苗助长，违反教育规律，以致人才被摧残，这是我们学校教育的严重问题。形势的发展，已经到了党的十二届三中全会决定以搞活经济为中心任务，要应付所谓技术革命的大问题；既要赶上形势，又要承认学校周期率较长。赶上形势，对学校教育的培养创见和创造性的能力是十分重要的，这里应考虑几个问题。

1. 合理设置课程和合理编写教材。在中学教育的阶段里，必须划清基本理论和基础知识的界限，正确处理知识更新与基础知识的关系问题，教材的分量要低，深度要降，这正是体现着从高处着眼，从低处入手使知识易于转化为智力，从而智力得到开发，体现出求知的愉快，促使学生主动地学习，提高学习效果。只有降低现行教科书的程度，才能真正提高学生的程度。2. 教学过程，是师生共同探索知识的过程，是教师的主导作用和学生群体智慧相结合的过程。育才中学的读读、议议、练练、讲讲，可称为：有领导的茶馆式的形式。师生在教学过程中共同探索知识的过程，现在已发展到通过评议教材，来共同探索知识了。3. 课堂教育的课堂。课堂主要是学生的学堂，新的概念主要要由学生自己通过解决几个习题由旧出新地推导来理解。围绕新的概念，遇着各种不同条件，出现了个系列的习题，把习题作为重要教材，由学生的群体智力，相互启发来解决，这样就可以做到收效好乃至收到长远效果的课堂教育。从而做到课堂教育课堂了。4. 领导有计划地开展课外包括校外活动。它与课内教育既有区别又有联系。课外活动开展的核心问题是动脑，手脑并用，如集成电路制品的拆拆装装，从模仿到创造，以千次失败，而求一次成功。当然课外活动，必须以文娱活动来陶冶性情，还必须做社会调查。总之，课内课外我们的目的是培养学生的创见和创造发明的能力。我要强调一下，决不能让书本来封闭智力，要坚决反对以死记硬背来应付考试，决不能让学生成为分数的奴隶，奴隶总是不愉快的，奴隶也不能成才的，我提倡以乐导苦，从而以苦为乐。

三、校长应承前启后，继往开来　校长应不断总结经验，提出设想

承前启后，继往开来，既能适应教育的周期率是较长的，又能根据新情况解决新问题，跟上形势。为了要总结经验，校长不仅要深入到教师群中，进行争论，甚至争吵。我名之曰友谊的"吵架"，"吵架"是为了友谊！而且，校长还要深入到学生活动的各个场所，只有这样，才有经验可以总结。关于总结经验也有几个问题。1. 总结经验，必须分清什么是经验，什么是教训，应该看到教训也是经验，是反面的教员。十

年内乱对教育破坏严重，我们在彻底否定"文化大革命"的同时，应该吸取这惨痛教训，更好来总结我们的学校教育经验，办好我们的教育。2. 是否是经验，必须从是否符合教育规律来看。譬如说，用题海战术，追求升学率成功了，这是否可以说是经验？高分低能，一试定终身就是理想，而体质因此而下降，德智体全面发展成为空口白话，怎么能说是经验呢？这样的做法，破坏了教育规律。规律是客观存在的，主观努力能够符合客观规律的才能成为经验而有利于事物的发展，有利于教学长期效果的提高。经验是有用的，教训也是有用的；但是我们应该首先按照客观事物的规律，分清经验与教训的界限。俗语说的通情达理，也就是合乎规律的表达；俗语所说的倒行逆施，那就是破坏规律的表述了。3. 关于经验在一般情况下既不能全盘肯定，也不能全盘否定，我的想法是：我们的教育，必须联系生活，联系社会，加以正确的引导。另外，正面的经验中，有反面的教训，例如：一个教师讲得很清楚，一讲到底，学生听起来也是头头是道，这应该说，这个老师的讲解是经验；但是学生却以听代学，不主动地去探求，就受到很不好的影响，这就实际上对学习的效果起了促退作用，而一些教师只是照本宣读，看来这个教师教育不认真，但是学生却反而主动地思考。我经过长期观察，觉得正面经验中，往往有反面的教训，反面教训中有正面的经验。正中有反，反中有正，这样来不断总结教职工中实践的经验和教训，提出设想、措施，统一思想，进行实践，这是进行教育改革在校长工作中不可忽视的工作。总之校长必须不断地总结工作，提出设想和措施；统一思想，一般号召与抓点相结合，思想往往是通过实践进一步得到统一。在实践过程中，校长必须不断找岔子，提意见，自己做错了，立即自我批评和改正，我一直是这样做的。

四、思想统一是领导层团结的根本

领导层的团结，首先体现在领导成员的思想统一上。有话当面讲了，争论以后无成见，把批评与自我批评结合在工作讨论之中，千万避免把批评与自我批评形式化、过关化。1. 党政分工，各司其职。长期以来，在学校的基层，是党政不分，支部书记独揽学校大权，放弃了党的工作，是十分严重的。而层次重叠，指挥失灵，也是个严重问题。我认为党政必须分工，党章对党支部的规定，其精神实质就是党支部的领导，体现在保证监督，应充分发挥行政的职能。我在 1978 年就是这样了，学习了新党章之后，我们认为，其精神实质，党支委的领导也还是体现在保证监督党的路线、方针、政策的贯彻执行，党必须管好党。在这里要谈几个问题。党政如果不分，会导致党支部书记对管好党感到无事可干了。我校 1978 年党政分工时，党支部书记曾对我说：我除了开会，无事可干了。真的无事可干了吗？我建议，要支部的各个党员，每人写篇周记，把在一周中自己作为共产党员做了一些什么事写下来，大家交换阅读，一个月一次，大家展开批评与自我批评。只要党管了党，事情是做不完的，党政不分是不利于工作的。2. 校长负责，必须和集体领导相结合，而且要有教工代表大会进行民主管理。如有民主党派基层组织的，还要进行党与民主党派协商。这样，校长就要负责，而他的权力要得到制约。也就是说校长一定要有权力，而他的权力一定有所制约。3. 精简层次。育才中学最高领导是校务会议，校务会议的成员是两个委员会的主任副主任，一个校务办公室的主任副主任。两个委员会：一是思想工作委员会，一是教学研究委员会。思想工作委员会的主任是校长，副主任是教工工会的主席，团委书记，大队辅导员。教学研究委员会的主任是校长，副主任是副校长，原来的教导主任及新提的校级干部。（支部正副书记是任何会议都可参加，也可以发表意见，但不是行政机构的任何成员）校长负责就是校长结合校务会议的集体领导负责。至于两个委员会的成员，又包括有关搞思想工作人员，即包括学生会代表，班委会代表和教学研究人员，以保证领导机构既有系统、程序，又是走群众路线的机构，而组织与组织之间，又是相互联系，相互制约的。4. 为了培养学生当家做主的思想和能力，我们废除了班主任，改设班级辅导员，初中增加一个高中学生担任班级副辅导员，辅导员的任务就是关心学生的生活，当好班委会的参谋，联系各任课教师，统一要求，就是这样三条任务。年级还设有年级辅导员，组织班级辅导员交流经验，大家评议写有记录。顺便谈一下，教研组也改掉了，改为学科委员，职责就是组织学科的教师交流经验，大家评议、写有记录；组织教师轮流讲学，大家评议，写有记录，这些记录，准备好，我们正在研究，如何较科学地考核教师，这就是要谈的第五点。

五、校长的素养

（一）校长必须胸怀坦荡待人以诚，除党和国家须保密的事情以外，什么话都可以和教职工一起聊天。当然，人的个性有差异，聊天时也应该区别对待；但是不论如何要做到当面背后一个样；背后讲的话，当面也是这样讲；而且，当面批评了某教师，背后应该为他做好事，我们要经常做到反躬自问的。

（二）校长必须尊敬教师，向教师学习。这样可以对学科规律性的东西有所掌握，成为中学各科教学的通才。向教师学习最主要的是总结教师教学工作的实践来作为教育改革的设想。

（三）公正不阿，是校长要努力做到的。谁听了好话都会高兴；同样，谁听了批评都会不开心，高兴与不开心都应要联系到工作来思考，才能够明确其是，了解其非，从而做到不偏听偏信，公正不阿。这样，学校就正气抬头，形成好的校风。

（四）校长在实践中不断从正反两方面进行总结，形成历史唯物的辩证唯物的哲学头脑，与此同时要学政治经济的合乎马克思主义基本观点的发展规律，要不断学习和运用，这样才能认识到事物的两重性，和

它在不同时间、地点、条件，不同情况下的发展的必然性，从而认识到
事物的性质，一定要牢记正确的哲学观点和政治经济学的观点总是要统
帅我们的业务的，只有这样，我们才能做到敢想敢说敢干，我们这样做
了，才能影响我们的学生，培养起敢想、敢说、敢干的创见和创造性的
能力。

（原载于《教育管理》1986 年第 1 期）

怎样理解学校科学管理的意义

　　各行各业都强调要科学管理，学校同样也有一个科学管理的问题。首先，我们要弄清楚"管理"两个字的含义。各级各类学校，都是培养人的场所，究竟如何理解"管理"两个字的含义？我认为管理的实质就是"服务"。学校的科学管理，也就是科学地为学校的教育事业服务，而不是你管我来我管你，更不是领导管理教师，教师管理学生。可是长期以来，不少人确是把管理理解为我管你来你管我，领导管教师，教师管学生。这样便必然突出了领导者的地位，而领导者也往往利用他所掌握的管理的权力，去压制教师；同样地，教师也运用管理的权力，去压制学生。这些现象有时很可能成为领导与教师、教师与学生之间某种关系紧张的根源。反过来，某些教职员工对待领导因此可能产生两种态度：或者唯唯诺诺，或者敬而远之。同样，一部分学生对待教师，也可能产生或者是虚假的尊敬，或者是对抗的情绪。这样的管理结果，必然会影响人际的正常关系和师生的积极性。这个问题是很严重的。

　　学校的科学管理，必须要有一定的规章制度。但是，由于对"管理"两个字的理解不正确，所订的规章制度往往可能产生两种情况：一种情况是，将这些规章制度作为束缚人们的手段，以致限制了人们智能的发挥，把学校搞得死气沉沉；另一种情况是，这些规章制度徒有其空文，学校变得松松散散。更严重的问题是，也可能把一个培养人的场所，变成为吃大锅饭的场所。学校教育工作主要是脑力劳动，如何区分教师勤劳或懒惰，很难说清楚一个标准。例如有些学校强调教师坐班制，以出勤率作为考勤的依据。能"考"得出真正的"勤"吗？实际上，出工不出力的大有人在。所以如何考勤，确是学校管理的一个重要问题。再说评优或评先进，这本来是一件好事情，但往往好事不一定能办好。有时通过一次评选，搞得大家意见纷纭，甚至离心离德；而评选的结果，也往往不能令人信服。当然，出现这些情况的原因是多方面的，但重要的原因之一，还是学校的科学管理问题。

学校的科学管理，还应从学校的领导体制来考虑。长期以来，学校也是党政不分，行政领导层次重叠，人员众多；凡事要研究研究，工作效率不高，吃"大锅饭"的现象也普遍可见。如果能正确认识管理就是服务，那么从领导体制来讲，必须按照新党章的精神，实行党政分开，精简层次，改变工作作风。从学校领导到师生员工，都应该是各负其责，各司其职，职责分明。在各司其职的前提下，要考虑到各人职务的联系性。学校管理制度应该形成一个网，网由点与线构成。各人所担任的职责是这个网里的一个点。通过一定的会议制度，一定的规章制度，形成通向各个点的网线。点、线与网的面联系起来，形成有机的网络。所谓网，就是学校各种管理的渠道，各个渠道应是息息相通的。通过这个网，把学校管理搞得生动活泼，更好地为学校教育工作服务。

当前有个突出的问题，就是怎样做好新老领导的换班和交替。如何通过学校管理来培养中青年干部，一刻也不容忽视。只要现在的领导眼睛向下，在本学校一定会发现不少可以培养的中青年干部。我们这些老同志，过去还不是在党的领导下，通过学习，不断实践和总结经验教训，一步一步地从实践中成长起来的。当然，也应该看到，"金无足赤，人无完人",人总有这样那样的缺点或错误,只要优点是主要的,就可以放手培养。事实上,我们的学生也在一年年升级、毕业,我们的中青年干部和教师,当然也在一年年进步和提高。

(选自《段力佩教育文集》增订本,上海教育出版社 1989 年版,第 162—164 页)

"尖子"与大面积提高

粉碎"四人帮"以后，许多学校为了早出人才，快出人才，集中精力抓好提高班，为高一级学校输送了不少人才，这是十分可喜的现象。但也有一个值得注意的问题，即选拔"尖子"与大面积提高的关系问题。

我们都亲眼看到，十年内乱严重破坏了学校教学工作，使不少学生未能好好学习。在同一年级里，学习成绩相差悬殊。一部分学生政治觉悟和学习自觉性都比较高，常常在完成所学课程的基础上自己超前学习，成了"尖子"学生；另一部分学生学得比较差；还有一部分学生则是文盲、半文盲加流氓式的双差生。我们应该从实际出发，以积极的态度，循循善诱，帮助他们在各自原有的基础上学有所得，不断进步。但是，"尖子"，必须建立在大面积提高的基础上。只有大面积提高了，才能水涨船高，教育质量越来越高，"尖子"才能冒出来。当然，应该说明，按程度编班，决非长久良策，只是在一定的历史条件下采取的权宜之计而已。

不管是提高班还是普通班，同学间学习成绩的差异总是不可避免的。所以，一个班出一个"尖子"，甚至是特别好的"尖子"，这并不一定说明这个班的教学质量高，而另一个班有相当数量的同学质量高，这才说明这个班的质量高。既然一个班上学生的程度有高低之分，那么在班级教学中怎样掌握呢？我认为应该因材施教。比如，一个班里一门课程的练习题，可以在必须做好那几道题目的前提下，让有的学生多做一些补充题，有的少做一些。再如，在教学方法上，允许学生读读、议议，自己提问题，自己做实验，自己试解问题，再由教师进行解答释疑。这样的因材施教，是面向多数，兼顾两头，能够大面积提高教学质量。有了这样的大面积提高，"尖子"就自在其中了。那么，有了"尖子"怎样让他们冒出来呢？是不是另行分班呢？我认为，到了那个时候，不必另行分班，可以采取班级教学与个别指导相结合的办法。就是，对某学科学得特别好的学生，给以个别指导，也可以由教师个别带徒弟。对这些学生只要在课后稍加点拨，就见成效。如果有些教学内容"尖子"学生确已掌握，可以允许他们走出教室，不在课堂里做"陪客"，为他们另辟一个教室，自己学习，或请一些老年退休教师进行辅导；有条件的话，也可运用电化教育手段，让他们去多学一点。这样做可以让"尖子"学生从大面积提高的基础上冒出来，做到快出人才。

为了"拔"尖，搞大量的难题竞赛，集中训练，加班加点，统测统考等，是得不偿失的。为了"拔"尖，如果不从学生的实际出发，硬塞下去，灌下去，也是不行的。因为做任何事情，主观愿望超过了客观可能，便会失败。教与学也是一样，如果搞过了头，反而会把有些"尖子"磨钝了。还有，无论"拔""尖子"，还是大面积提高，都不应该片面地强调"高"。比如把大学里的教材不适当地下放给中学，把中学里的教材过多地下放给小学，幼儿园也不恰当地学起小学阶段的文化知识来，这不但无益，反而有害。总之，在教学过程中，应该从高处着想，但又必须从低处着手，把两者结合起来，使学生能够熟练地掌握基础知识，那就易于向高处发展了。

（选自《段力佩教育文集》增订本，上海教育出版社 1989 年版，第 107—108 页）

怎样评估一所学校

　　一个学校办得好，或者是办得不好，它的标准是什么呢？怎样来评估呢？长期以来，实际上总是以升学率的高低为根据来评估的。选择重点学校，一般也是以学校的升学率为依据的。而对全面贯彻党的教育方针，却视为抽象的要求。因此，学校领导、教师、学生以至家长，都是为高分而奋斗。其实，学生获得高分，并不说明德智体全面发展，也不能说得高分的学生就是优等生。我曾遇到这样一件事：育才中学有个初三毕业生，因为她有过偷窃行为，学校不让她直升高中，要求她参加升学考试。结果她的升学考试获得了高分。因为是高分，那就是优生！所以就被择"优"录取进入育才的高中了。这个学生进入高中以后，仍然劣性不改，终于因多次偷窃而又被发现。可见，以高分等于优来评估一个学生是要不得的，以升学率等于好学校来评估一所学校也是不全面的；我们的标准，不论对学生或是对学校，还是应当坚持全面贯彻党的教育方针，要求学生德智体全面发展。

　　上述仅是怎样评估一所学校的一个重要方面；我认为，培养提高教师，多培养出一批合格的教师，这应当是评估学校的又一个重要方面。现在骨干教师大量缺乏，虽然社会上培训师资的机构不少，但仍然不能满足学校的需要。我认为，要切实解决这个问题，应当让教师在教学实践中丰富学科知识，提高教学水平。我相信，一定能够做到在教学过程中，得到教学相长的成果。这是培养提高师资质量的根本途径。学生一年年升级了，一年年毕业了，难道教师就原地不动？不是的。我所接触到的好多青年教师，包括"文革"前后的，都是在学校的教育、教学实践中不断提高，成为一名合格的人民教师的。粉碎"四人帮"后，育才中学不少青年教师，原是从农场调来学校的。他们经过短期培训，在学校进行教学方法的改革、思想教育方法的改革、教材的改革与处理，以及课程设置与课时安排的调整中，得到了学习、实践、锻炼，不论是学科知识水平和教学经验，都有了充实和提高。现在他们的教学水平，与有些大学本科毕业生相比，无论在教学或事业心上，确是有过之而无不及。

我们育才中学对教师的培养与提高，是比较严格的。首先是对教师进行经常性的考核。考核的方法是：各个学科委员（原教研组长），经常组织教师交流经验，相互听课，相互讲学；班级辅导员（原班主任）也经常组织教师交流经验。教师相互听课都要作记录，还要相互评议。学期结束时，要求每个教师写教育、教学小结，并组织教师相互评议，经公开展出后，由教工代表会议评定为：好、中、可以、暂时不评。这样，使教师相互学习，取长补短，在实践中不断得到提高，从而也调动了教师的积极性。

（选自《段力佩教育文集》增订本，上海教育出版社 1989 年版，第 165—166 页）

让班级实行学生自治自理

　　提倡学生自治自理，是为了培养学生的政治工作能力和锻炼学生的组织能力，训练学生发现问题、提出问题、分析问题和解决问题的能力。1981年，我们在高中两个班级中进行了自治自理的试点。在试点班级，班主任改为班级辅导员，由学生组成的班委会自己主持班级工作，自己组织班级教育活动、学习活动、文体活动。班级辅导员辅助班级干部，指导他们分析班级同学的思想，制订班级工作计划，组织班级活动，指导他们及时总结工作中的经验与教训。在工作过程中，班级辅导员很尊重学生，即使发现问题，也不是在全班面前训斥，而是和学生干部个别谈心商量。总之，班级辅导员对班级工作一方面十分关心，不放任自流，另一方面当好学生干部的参谋与顾问，一起实践，努力示范，言传身教。

　　在实行班级自治自理的试点中，我们初步感到有这样三个好处：

　　（一）锻炼了学生干部自治自理的能力。在自治自理过程中，学生干部处理实际工作的机会增多了。他们在工作中自己制定计划，自己贯彻落实，改变了过去很多事都依赖老师的思想。他们自己动脑筋，考虑做什么，怎样做，如何发动、组织同学去完成。他们在实际工作中，不断提高工作能力，因而能够更快地成长。

（二）班级工作和班级活动更加主动，更加切合学生实际。试点班在班干部带领下，有的放矢地开展了适合青少年特点的政治教育活动、文娱体育活动、野外锻炼活动等各种集体活动。例如高二（2）班干部研究如何开展爱国主义教育时，觉得自己和同学们对社会主义祖国为什么可爱理解不深，就邀请杨浦区归侨教师作了"祖国呵，我的母亲"的专题报告；高一（2）班干部看了《青年报》上《身残志红，立志献身四化》的报道后，专门组织同学访问了这位残疾青年，了解她的先进思想和优秀事迹，进行了一次生动的革命理想教育。两个班的学习委员还都主动邀请任课教师参加师生座谈会，主动向老师反映同学们的学习态度、作业情况，同时也向老师反映了学生对教学工作的意见与要求。班级学习委员还要求各科科代表检查同学作业规格，督促同学按时独立完成作业。像高一（2）班化学科代表主动对全班四十位同学作了一次综合练习质量分析的讲评，指出学习中的成绩与缺点。两个班学习委员还总结了不少同学的学习经验，组织召开了几次学习经验交流会，深受同学欢迎。

（三）减轻了辅导员的工作负担，使老师能集中精力搞好教学和教育工作。刚实行学生自治自理时，辅导员要花大量的时间。因为帮助学生干部制订并贯彻计划，比自己做要花更多的时间。但是随着时间的推移，形成了良好的班级集体与核心之后，小干部都能各司其职，教师便能摆脱很多烦琐的班务工作与日常的班级管理工作。

我们进行自治自理试点工作时间还不长，准备进一步总结经验，在全校推广。我们还准备在初中班级增设副辅导员，挑选高中的学生担任。

那么这样做会不会增加学生的负担呢？实践表明，这种担心是不必要的。学生干部人数多，班干部和科代表、读议小组长等加起来，一个班共有二十余人，占学生人数的一半以上。加上在工作中团结其他一些同学一起干，这样人手就更多了。大家都发动起来了，许多工作便做得又快又好，所以没有出现学生干部负担重或影响学习的情况。相反，对学生们的学习生活起了调节作用，有利于学习好，工作好，身体好。

实践证明，中学实行学生自治自理不仅是可能的，而且是符合青少年心理发展的客观要求的。因为学生进入少年期或青年早期以后，逐渐萌发出一种成人感，希望自己能独立地完成某些任务。他们在学习、工作上都会产生一种主动性、积极性。如果教师相信他们，尊重他们，放手让他们自治自理，他们就会有主人翁的自豪感，就会有积极性，责任感，就会开动脑筋，搞好班级工作。而这样做，班级工作往往更有生气。所以在实行班级自治自理的过程中，要改变教师"说了算"的旧习惯，使团支部、班委会以及其他小干部有职有权。

现在大家都在研究如何发展学生的智力和培养学生的能力，我们对于学生自己治理班级的做法，也是在这方面的一种尝试。

（选自《段力佩教育文集》增订本，上海教育出版社1989年版，第45—47页）

谈谈班级工作的改革

新中国成立以前，学校各个班级有一个级任老师，以级任老师为主管理一个班级。新中国成立以后，学习了苏联的经验，改为各个班级设一位班主任，负责这个班级的组织领导工作。显然比新中国成立以前级任对一个班级的作用更强了，甚而至于一个班级的好坏，在很大程度上取决于班主任的领导管理水平。几十年来的实践证明，班主任的工作确实起了很大的作用。因此，教育领导部门也很重视班主任的工作。多少年来出现了不少优秀的班主任、模范班主任，对调动班主任的工作积极性起了很好的作用。

我曾在实践中仔细观察、研究过班主任的工作，发现了一些问题。比如一个班级，在某一班主任的组织领导之下，学生思想面貌很好；往往经过一个学期或者一学年之后，换了一个班主任，这个班级会变成一个不好的班级。在小学里，班主任讲话，好像是"圣旨"，班主任包办一切。再如，班主任对班级主要靠自己的努力工作；班主任对好学生或差学生的谈话，都是一些干巴巴的、枯燥无味的语言，一次谈话，可以长达几十分钟。出现这些问题的原因，我以为主要是有些班主任，还没有充分意识到班主任的工作就是做人的工作。而人是有个性的，不论表扬、批评、教育，都应当根据每个人的特点，不能用一个划一公式。人又是有自尊心的，特别是中学生，不但有自尊心，而且还有自制能力。因此，要做好班级工作，应当调动每个学生的积极性，要发挥班级集体的作用。在这种基础上建立起来的班级，就能形成一个良好的班级集体，即便更换了班主任，也不会因此而受到影响。应当指出，现在的学生是未来的国家主人，应该通过班级工作，让他们在集体中自己教育自己，自治自理，培养他们当家做主的思想和能力。

我们育才中学，早在六年前把班主任改为班级辅导员。班级辅导员有三项任务：一是关心学生生活；二是通过了解学生的情况当好班委会的参谋；三是联系各科任课老师，统一各科对学生的要求。班级工作由学生委员会通过年级委员会布置给班委会，改变了过去学生工作都由班主任来布置的做法。这样做的好处，一方面可以发展学生自治自理的能力；另一方面，减轻了班级辅导员的行政事务工作，使辅导员有更多的精力和时间去关心学生的生活，当好学生的参谋，充分发挥班级的集体力量，培养学生当家做主和自治自理的能力。当然，我们这样做，并不是完全否定原来的班主任工作，而是作为改革班级工作的尝试。

（选自《段力佩教育文集》增订本，上海教育出版社 1989 年版，第 225—226 页）

关于班主任队伍

　　每所中学都有二三十个班级，每个班级都有几十个学生集合在一起上课、活动。如果学校没有一支二三十人的班主任队伍起主导作用，则各班就不可能形成健全的班级集体，学校就只有二三十个难以驾驭的学生群。所以，学校每年都要认真挑选、配备好班主任。

　　班主任工作并不是随便什么人马马虎虎可以做得好的。班主任必须懂得学生的思想教育和心理活动的一般规律，懂得班级组织教育与管理规律。所以，校长必须选择那些热爱学生，能与学生打成一片，知识面广而又有一定思想水平的比较"青年化"的教师充当班主任。热爱学生，能与学生打成一片就能深入了解学生的学习、生活、思想各方面的情况与问题，掌握学生的思想脉搏，对症下药，一把钥匙开一把锁。学生的求知欲旺盛，对各种未见到过的事物总是好奇的，教师知识面广就能语言生动地解答学生的疑难问题，并带领学生在知识的汪洋大海中遨游，激发起学生的学习积极性。教师的思想水平与精神境界高，必然能高瞻远瞩地指导学生建立起高尚的道德修养、理想情操、精神境界和正确的思想方法。"青年化"并非指年龄必须二三十岁，而是指班主任应具有青年的语言、青年的精神状态，懂得青年的心理，喜欢和青年相处，并善于做青年思想工作，带领青年进步。

班主任选定以后，学校领导要加强管理、教育与培养。每个年级可以设立班主任小组长，负责协调平等班的思想教育和班级管理等各项工作，交流各班班主任的工作经验，发扬好的作风与思想，不断提高班主任的工作水平。

我们应该使班主任明确，班主任的职责是班级教育、教学工作的组织者与指挥者。班主任对班里所有的工作与每一个学生的进步都负有责任。班主任应该有计划地努力组织和培养班级集体，建立一个良好的班级集体，有坚强的学生干部队伍，有正确的集体舆论，有优良的学习风气，以便能让学生在良好的环境中更快地健康成长。为了要形成班级集体，我认为必须把学生小组组织起来，不宜大，按座位的前后左右四个人一组。这小小组算是班级的细胞组织，并依靠这个细胞组织，去完成各项教育、教学活动，如学习、劳动、体育竞赛、文艺活动等，使学生在活动中培养集体主义观念。班主任应逐渐考查学生，选拔积极分子组成有能力、有威望的学生小干部队伍，形成班级核心。班主任还应不断为学生提出共同努力的目标，对于不同年级，所提的目标应该有所不同。年级愈低，目标愈具体，而且能在较短时间内实现，如改进班级课堂纪律，准备节日活动，争取体育竞赛、文艺会演、歌咏比赛的优异成绩等。对高年级应提出较长远的目标，如理想、抱负等要求。班主任要通过各种活动，来形成正确的集体舆论，充分发挥学生的主人翁作用，调动他们的积极性，同时也在活动中培养学生的组织活动能力。在班级活动中，班主任应该是"参谋"与"顾问"，而不是"警察"加"保姆"。

班主任还要处理好与团队组织的关系。班主任应善于依靠团队组织、团队干部，善于依靠任课教师，与学校团队干部加强联系，负起指导班级团队工作的责任，参加班级团队会议，参加班委会议，具体指导和帮助他们活动，让学生在团队组织的指导下学习、工作，健康成长。学校的思想教育计划，要求与团队计划一致，以便使班级工作计划与团支部、中队的计划统一起来。这样既能建设起坚强的学生组织与队伍，又能在团队的带领下，出色地搞好各项班级工作。

班主任要与学生家庭保持良好的关系，争取家长配合，共同教育好子女。因为家庭对学生的成长的影响是很大的。班主任与学生家长的关系应是十分密切的，是在一个共同的目标下，相互协作，共同配合。

学校抓好班主任工作的各个环节，及时地布置工作，检查督促，教育培养，交流提高，是一定能够在实践中培养和建设起一支称职的、出色的班主任队伍来的。

（选自《段力佩教育文集》增订本，上海教育出版社 1989 年版，第 153—155 页）

要重视提高教师的水平

已经当上了教师，或者已经从事教学工作多年，还要不要进修提高？回答是需要的，也包括学校领导在内。这是因为有些教师，虽然已经教书多年，对所教学科的教材还不够熟悉，有的对基础知识与基本技能也未能全部掌握。因此，教学时会感到吃力，甚至只得采取"现买现卖"的办法，影响了教学质量。其次，随着科学技术的日益发展，各门学科的新知识不断出现。我们如果只满足于以前所学的一些知识，必然会感到跟不上形势的发展，难以适应教学的需要。与此同时，对教学方法也需要不断研究改进，以提高学生的学习兴趣，调动学生的学习积极性。所以，每一个教师都必须学习、学习、再学习，提高、提高、再提高。

现在，市、区教师进修学院与电视大学，为各科教师开辟了脱产、半脱产和在职业余学习等进修渠道，以便把那些专业基础知识比较差的教师，提高到相当于大专或大学本科毕业的水平。这种系统的、较长时间的进修固属需要，但是如果进修的教材过于高深，与中学教材相距太远，也会远水救不了近火和难解燃眉之急。各种进修学校应当明确，教师进修的主要目的不是换取文凭。如果有的教师要求进修的门类与次数偏多，则不但不能以进修促进教学，反而会因进修妨碍教学，所以，教师的进修要有利于教学，进修的主要目的是当一位称职的好教师。否则，进修就会偏离正确的方向。这是其一。第二，在职进修主要应安排在业余时间，以不影响所在学校的教学秩序为前提。总之，进修与教学的关系，必须正确处理好。

但是，教师的进修提高，不能只依靠进修院校，还应该自力更生，运用本校的条件和力量。因为学校是教师工作的地方，也是教师得以进修提高的地方。学校里有许多教师进修提高的有利因素，只要我们充分利用，妥善安排，是一定能够做到的。比如，学校里总有老教师，他们的教龄长，有丰富的教学经验和专业知识，被人们称之为"老母鸡"。我们要充分发挥"老母鸡"带"小鸡"的作用，让老教师带新教师。新老教师结成师徒关系，以老带新。让他们教同一教材，把新教师的课排在老教师的后面，老教师上课，新教师都去听，学习老教师的教学方法与教材处理等丰富的教学经验。新教师写的教案，可请老教师修改，新教师上课也应请老教师去听课，并虚心地听取意见。老教师应有诲人不倦的精神，新教师应有虚心好学的态度，两者结合，对进修提高就相得益彰了。

学校应该主动关心青年教师，指导他们制订进修提高的计划，让他们开头几年连续留在某一个年级，在同一教材上滚几滚，熟悉一个方面的教材，以免出现因为逐年随级上升而一直处于紧张应付新课，难以积累、提高的局面。比如初中的代数与平面几何，高中的立体几何与解析几何，一般不可让一个教师同时教两样。可让教师先熟悉、精通一部分，然后再去熟悉、精通另一部分。这样，使青年教师在较短的几年内很好掌握教材，提高教学质量，提高教学业务能力。

学校也可以举办专题训练。教研组针对本组教师共同不足之处，教材中的难点或学科新知识，以能者为师，有计划地举办专题讲座。可以用讲课的形式，也可以用讨论的形式。但不论哪种形式，都应以自觉为主，让教师自己先看，然后再讲授或讨论。这样的专题训练，因为针对教学工作实际，对教师的帮助比较大，能有效地提高教师的业务能力。

学校还应该大力倡导教师互帮互学和切磋琢磨的风气。教师在自学和个别备课的基础上，抓好集体备课。这样不但能提高教学质量，也能促进教师的提高。共同切磋教材，琢磨难点，研究教法，并养成经常互相听课、评课的习惯，长期坚持，必能提高教师的教学水平。

其实，学生也是教师的老师。学生中存在的知识缺陷，往往是教师知识的弱点；在教学中，学生对某一个问题听不懂，教师作了解答后学生仍然不懂，一般地说，这恰好是说明了教师对这个问题还没有完全领会。这就是说，学生帮助教师找出了知识的薄弱环节，起到了教师的作用。同样，教师进修的结果，也必然要到学生中去检验，从教学质量的高低，说明教师进修成绩的好差。所以，从这个意义上说，教师进修最好的老师是学生。

（选自《段力佩教育文集》增订本，上海教育出版社 1989 年版，第 156—158 页）

在教学实践中培养教师

　　培养师资的渠道很多，我认为应该主要在教学实践中去培养。当然，我们也并不排斥到教育学院、师范院校或其他学习班去学习提高。

　　我们的学校不仅要培养学生，而且也要培养教师。学生既是教师的学生，同时学生的群体又能帮助教师的提高，教学相长嘛！其理由有如下几条：

　　第一，教学过程是一个师生共同探索知识的过程。《学记》中说："教然后知困。知困，然后能自强也。"即是说，教师在教的过程中会遇到困难，会感到知识的不足，需要不断进修、不断学习，必须边教边学，才能胜任教学工作。所以，教的过程也是学的过程。这也就是我们通常所说的"教学相长"。

　　第二，教师只有一个脑袋瓜，学生有几十个脑袋瓜。几十个脑袋瓜发动起来，往往是教师所不及的。虽然教师对这门学科是专长，但对这门学科的每一个问题，并非都能精通。因此，学生提出的疑难问题，往往就是教师再学习的好题材。

　　第三，教师教学往往是单科独进，而学生学习则是多科并进的。由于多科知识的相互联系，会诱发学生提出一些教材外的问题；而这些问题往往是教师所预料不到的，但却是一些必须研究回答的问题，这也有利于教师的提高。

因此，我认为学校的教学实践，是培养提高教师的一个重要途径。我们的学生一年年升级，一年年毕业，难道教师就一年年留级，一年年原地踏步？不，不是如此。我认为教师在教学实践中还可能成为某一学科的教学专家。比如一个数学教师，由于多年的教学实践，就很有希望成为这个学科的教学专家。同样，一个多年的好的班主任，也应该成为一个心理学家。历史已经充分证明了这一点。新中国成立以来，我们好多中学教师被选拔到高等院校去当了教授、副教授。他们中多少人有研究生的文凭？多少人有硕士、博士学位？其中大多数人都是从教学实践中培养提高的。现在教师缺额状况比较严重，解决这个问题的办法之一，我认为除了留一批质量较高的高中毕业生培养他们当教师外，还应当把我们的学校作为既培养学生又培养教师的基地。培养合格后，由学校出具证明予以承认。由此使我想到，讲校长负责制，负什么责呢？难道说仅仅是培养学生吗？很重要的一条，是应当负起培养提高教师的责任。

（选自《段力佩教育文集》增订本，上海教育出版社 1989 年版，第 223—224 页）

安排好教学进度

教学进度是把教学大纲中的时间要求，落实到每一个教时的具体计划，是教学工作的重要依据之一。因此，开学伊始，必须首先妥善地安排好教学进度。

事实上，每个学校，每门学科，在每学期初也都是安排了教学进度的。但是，到了学期中途，尤其是学期将近结束的时候，教学中"赶进度"的现象却是相当普遍的。教学"赶"进度，学生的基础知识学得不扎实，就免不了要出"夹生饭"，有的甚至是"生米饭"。这样既不利于教学质量的提高，也很可能妨碍劳逸结合的安排，影响师生的健康。所以，这种不符合教学规律的做法，一定要改变。

教学"赶进度"，是有多方面因素的。而不从教和学的规律出发，单纯地从时间着眼，"削足适履"地安排进度，应该说是主要的因素。

那么，怎样来安排好教学进度呢？

我认为，应该使教师的教的进度和学生学的进度做到齐头并进，统筹兼顾。一方面，应按照教材的系统性，根据循序渐进的原则安排进度；另一方面，应充分了解学生的实际程度和学生的接受能力，来决定教学进度的快慢。教是为了使学生学懂学通，如果教的进度超过了学生的学习可能性，便会"欲速则不达"，达不到教学的目的。所以，我们应该在安排教学进度时，统筹兼顾上述两方面，并根据"欲高先低，欲快先慢"等原则，作好安排。

从教学内容讲，应该以新教材的教学为主，并适当安排一些旧教材的复习，穿插其中。例如，语文课连续教了几篇新课文之后，可以选一篇类似新课文的旧课文作一些对比，或者旧课新教。这样，学生温故而知新，必然领会更深，有助于对新课文的理解和掌握；也可以采取让学生先复习旧课，再接着教新课，以旧带新的办法。

从教材的掌握讲，适量的练习和实验，有助于学生对知识的掌握和理解，也有助于把知识化为技能、技巧。因此，安排进度的时候，也要考虑到适量的练习、实验、实习等活动。

从教学的时间讲，先要安排一个"过渡"的时间。新生从一个熟悉的环境到了一个陌生的环境，需要一个适应的过程；学生从假期到上课，也需要有一个"收心"的过渡；学生定下心来上课以后，从掌握了旧知识到接受新知识，也需要有一过程。为了适应这些情况，做好"过渡"的工作，就必须在开学初的一些日子里，把进度适当放慢些、放稳些、踏实些，为以后迈开大步创造条件；甚至可以考虑在开学初不教新课，先还"旧欠"，把上学期的知识缺陷补上后再开步走。这样，看来进度拉下了，但是基础扎实了，以后就可以适当加快进度了。

另外，教材内容有重点，学生掌握教材时有难点，在教学时间上就要有充分的估计，使师生有充分的时间打好"攻坚战"。攻下了要塞，就可以乘胜追击；解决了重点和难点，一般的内容和问题便可以迎刃而解了。这样，原来被拉下的时间，就完全可以补回来，掌握了教学进度的主动权。当一学期或一个阶段的教材将要结束时，时间又必须安排得"绰绰有余"，适当放慢进度，以便整理思想，鸟瞰全貌。

总之，教学进度的安排，要根据教学大纲的要求，要符合教学规律，要切合学生的程度与接受能力，使得教学工作能够有节奏地进行，使教学质量的提高能在时间安排上得到保证。

当然，各学校之间，各学科之间，各年级之间，甚至各班级之间，还存在着不平衡的情况。如果条件许可，应当做好全学期的安排；如果有困难，可以先做好一个月，或者两三个星期的细致的安排。在教师熟悉教材和了解学生实际的基础上，再经过备课小组和教研组的精心讨论，教学进度是一定能够掌握好的。

（选自《段力佩教育文集》增订本，上海教育出版社 1989 年版，第 114—116 页）

课时安排要符合大脑活动的规律

    课时安排要反映课程设置的目的与要求，要考虑学科的性质及学生的思维状况。如数学、物理、化学、生物等学科，逻辑性较强，对学生的概念的形成，以及判断、推理、演绎、归纳等逻辑思维能力的培养，均有很大作用与影响。语文学科则既有严密的逻辑性，又有丰富的形象性。而历史、地理、音乐等学科感染力较强，对于陶冶学生的情感，培养高尚的道德品质和革命情操，激发爱国主义热情，发展他们的形象思维能力，有很好的作用。课时安排还要考虑学生年龄特征，以适应他们生理、心理发展的状况，考虑对他们的记忆训练。总之，课程安排要有利于学生大脑皮层思维活动的合理调节，防止兴奋中心的高度的、长时间的持续集中与活动，以免导致疲劳，产生抑制，影响思维功能作用的充分发挥。

    从 1980 年新学年起，我们废除了各学科每节课四十五分钟"一刀切"的上课制，代之以六十分钟与三十分钟转换上课制。六十分钟的课，事实上为五十五分钟，换课时有五分钟播放音乐节目，借以休息。五十五分钟的课较多地安排逻辑思维与形象思维较强的课，三十分钟的课较多地安排陶冶心情、记忆训练和体操活动等课。具体安排如下：上午第一节课为五十五分钟，第二节课为三十分钟，接着大休息三十分钟，让学生吃一些点心，并到操场进行室外自由活动，调剂一下脑力与视力。大休息后，第二个五十五分钟课，同样再是思维较强的训练，然后三十分钟课用作记忆训练、语文训练或艺术欣赏。下午，第一节课为三十分钟，主要是考虑学生午饭后大脑皮层较疲劳，上比较生动形象、感染力强的课，效果较思维性强的课为好；然后，再是五十五分钟的课。这样，六十分钟与三十分钟转换上课，使学生的思维活动能不断交替，大脑皮层一部分紧张，一部分休息，不至于一直集中在一个兴奋点上。做到思维力的培养与记忆力的训练，道德情感的陶冶与脑力活动、体力活动不断地进行调节，使学生一天的学习生活有张有弛，有劳有逸，既有节奏，又有规律，体现了课内既紧张，课后又舒畅的要求。经过近一年的试验，效果良好，学生们纷纷反映："试行新的上课制，上课持续紧张现象减少了，末节课疲劳减少了，上课效率比过去更高了。"我感到：这个问题是具体的，只有做到课时安排符合大脑活动的规律，才能行得通。强行规定，会影响教学秩序与教学效果。我们在初步的实践中，发现现在的三十分钟历史、地理课，其实际效果超过四十五分钟，学生的思想更集中。

课时的安排，要有利于课程设置。反映社会的、自然的最基本规律的基础知识的学科，都应从初一开设到高三。过去说课程门类太多，现在经过合理安排，课程门类就不会嫌多了。相反，各科之间的知识，相辅相成，相互补充，有利于学生学得更主动、更灵活、更牢固。

（选自《段力佩教育文集》增订本，上海教育出版社 1989 年版，第 75—76 页）

安排好学生的课余生活

　　课内与课外是学生学习生活不可分割的两个方面。课内是学生学习知识、技能，发展智力与培养能力的主要场所，课外是学生课内学习的延伸与调节。

　　减轻学生负担，提高教学质量，其核心问题是让学生有更多的自由支配时间，变被动学习为主动学习。而要做到这一点，一定要提高课堂教学的质量，提高单位时间的利用率，尽量做到教师当堂教学，学生当堂理解、当堂消化、当堂巩固。学生的作业在课内完成了，课外作业负担减轻了，自由支配的时间就增加了。怎样科学地、有效地帮助学生安排好课余生活呢？我们认为，学生的课余时间，一部分应当由学生自己支配，以便根据各人的情况和需要来使用；另一部分则由学校为他们安排，组织丰富多彩的文艺、体育、科技以及其他一些集体的课外活动，更加有利于他们的全面发展。学生课外活动开展得好，能丰富学生的课余生活，促进学生身心健康发展；也能使学生开阔视野，扩大知识面，培养广泛的兴趣爱好，巩固课内所学知识，发展智力，提高分析问题和解决问题的能力。

　　怎样安排好学生的课外活动呢？学校可以根据青少年学生的年龄特

点，让学生有选择地开展多种多样的文艺、体育活动。比如组织音乐欣赏、歌咏比赛、文艺会演、球类联赛、田径运动会等群体性的普及活动；成立合唱队、舞蹈队、器乐队、话剧队等艺术团队；组织篮球队、排球队、足球队、乒乓球队、棒球队、弈棋队、游泳队、田径队等校队、班队，以不断提高学生文化艺术素养和身体素质，并逐步陶冶性情，实现精神文明。

学校也可以根据青少年学生的求知欲望和各种兴趣爱好，开展多种多样的科技活动，比如成立航模、船模、电子、电视机、摄影、报务、测象、气象、地震测报等科技小组，举办各种内容的科普知识讲座，与科学家、科学工作者见面，走出去参观科技展览会、工厂、农村、科研所，等等。

学校还可以发展学生某一方面有特别爱好的、有特长的学科，比如举办数、理、化、生、史、地、外语、语文等讲座与实验活动，组织影评、书评与形势报告；成立数、理、化、生、外语、语文等学科爱好者协会，建立美术、书法等学科小组；拟订研究专题，阅读有关书籍与资料，开展讨论，撰写小论文等。这样，可以培养学生的专长、爱好、研究能力和创造精神。

开展各式各样的课外活动，必须解决好几个问题。首先要解决师生对课外活动不够重视的思想，广泛宣传祖国四化要培养德智体全面发展的人才，以及参加课外科技、文艺、体育活动的意义与作用。其次要减轻学生作业负担，使学生能放心地、轻松愉快地参加这些活动。还要定指导教师、定活动时间、定活动地点，并解决师生在开展活动中所必需的经费、仪器设备、材料等困难。总之，只要学校领导重视，把安排学生课外活动放到议事日程上，经常及时研究讨论，是一定能搞好这项工作的。

青少年时期的兴趣爱好、理想志趣，往往会成为他们长大后为之终生奋斗的事业心。众多的科学家、文学家、歌唱家、美术家等，大都是从青少年时代起就分别对各种科学、文学艺术等发生浓厚兴趣的。所以，我们一定要从为实现四化培养各种有用人才的高度，来认真安排好学生的课余生活。

　　班主任要关心学生的校外生活。如要求学生根据各自家庭与个人的不同情况，制订生活计划，统筹安排好学习、生活、娱乐、休息，并进行督促和检查。检查时不能要求学生百分之一百做到，因为情况是复杂的，学生只要说明了不能按计划做到的原因，并且是符合实际与合理的就可以。

　　（选自《段力佩教育文集》增订本，上海教育出版社 1989 年版，第 127—129 页）

我们育才中学教育改革的基本情况

一、教育改革的指导思想

首先，学校教育是培养人的地方，它的对象是人，人是最高级的、最复杂的、有社会性的生命体。人的成长，必须在良好的环境下给以恰当的引导和教育，以达到培养目标的要求。教育的侧重点在"育"字上，而教育的手段，主要是教学，通过教学达到教育的目的，所以说，教学的侧重点在"学"字上。多年来，不论在教材和教室里，我们往往把"育"字和"学"字丢掉，却偏重于"教"字，因此出现了"高分低能"的现象。

其次，必须强调和坚持党的教育方针。尤其是我们普通教育应该是以培养精神文明为主。毛泽东在《关于正确处理人民内部矛盾的问题》一文中说："我们的教育方针，应该使受教育者在德育、智育、体育几方面都得到发展，成为有社会主义觉悟的有文化的劳动者。"我看是正确的，科学的。现在要加个美育，而美育又贯穿在德、智、体育中。只有坚持贯彻教育方针和培养精神文明者，才能使学生成为有理想、有道德、有文化、有纪律的一代新人。

第三，教育必须为社会主义"四化"服务，但又必须遵循循序渐进的规律。突飞猛进是循序渐进的结果。循序是"实事"，渐进是"求是"。着眼高处，但欲高先低，低是为了着眼于高处。欲深先浅，着眼于深处；欲快先慢，着眼于快；欲多先少，知其然才能知其所以然。特别是小学一年级学生，不久前他们还在幼儿园，进了小学后，语文课一周就要学习 12 教时，显然是很难适应的。我们在静安区第一中心小学作了改革，把一年级的语文改为 1 天 1 节课，另外 6 节课改为音乐课、故事课、卫生常识课。因为这样的改革，比较切合小学生的实际，又遵循了循序渐进的规律，所以为小学生所乐于接受，巩固率不差，进度也不慢。

第四，教育工作必须端正人才观。人才是多方面的，多种多样的，多层次的，但必须都是真才实学的。因此对人才的培养，应避免平均主义的要求，要因人而异，扬长避短。《学记》中有一句话，叫"心之莫同也"。即是说，学生的个性不同，教师应当了解学生的心理特征和学习爱好，然后有针对性地"长善而救其失"，发挥他们的特长，补救他们的缺陷。

二、我们的教改实践

第一，课程设置的改革。初一年级不设物理，初二年级设物理而不设化学；其他各科（包括音乐课）分设于初一到高三年级；体育课每天一节。

第二，课时安排的改革。我们学校的课时安排不是 45 分钟一刀切，而是有长有短，目的在于调节学生的学习生活。一个上午分两个阶段：第一阶段 95 分钟，即第一节课 55 分，10 分钟的换课，中间大休息 30 分钟，让学生吸收自然光的时间多一些，有好处。休息时让学生吃一些学校自制的点心，增加一些食物营养。同时，我们的课时又根据课程的内容加以区别，如物理课与音乐课就不一样。体育课每天有，每周 2 节大课，4 节小课；小课 30 分钟，大课 55 分钟。30 分钟的体育课男拳女舞；2 节体育大课搞竞技指导，搞体锻标准训练。这样的安排很有好处，如第一节数学课后学生用脑很紧张，下一节课就是男拳女舞，让学生体力活动一下，大脑休息一下，经过 30 分钟大休息，再上 55 分钟大课，这样可以做到体卫结合（包括心理卫生）。

第三，教材的改革。我们在处理教材时，注意到知识的系统性、联系性、主从性、感染性、反复性、普遍性，教材中的各类知识一定要反复出现、反复学习、不断加深。因为人类对事物的认识，对知识的掌握，不可能是一次认识的，应当是反复循环的。现行教材对知识的安排，往往是直线上升的，很少反复。所以，我们在处理数、理、化、生教材时，根据习题来组织教材。教师在讲授新课时，不是把概念先"讲深讲透"，而是组织几个题目，让学生自己讨论、研究、推导、领会概念。下面举语文、政治课教材为例，加以说明：

1. 我们的语文教材有半数左右是自编的。我们自编教材的主要指导思想，是语文科要有序可循。纵的序是生活感受的上升；横的序是情节连贯。每篇教材都有一个中心，比如选编《西游记》作教材，以"大闹天宫"为中心，选编了 20 回。我校出题让学生作文很少，而是每周要求学生写一篇"杂记"，把他们的所见、所闻、所感写出来。大家评论时，看他写得真不真，通不通。我们在教学统编教材时，往往是"一次多篇"，主要是让学生掌握字、词、句、篇的知识。我们教学时采用评论式的学习，通过评论式学习，让学生懂得如何掌握课文的精华，如何去其糟粕。

2. 我们的政治教材也有很大一部分是自编的。我们编写政治教材的指导思想，是让学生了解祖国的历史，热爱社会主义祖国，通过史话的形式，学习马克思主义基本观点。如初三学习社会发展史的基本观点，高一学习近代史，高二学习现代史，高三结合当前的形势和政策，进行有中国特色的社会主义政治经济常识教学，培养历史唯物主义和辩证唯物主义观点。

第四，教法的改革。

1. 读读、议议、练练、讲讲。使学生相互启发，相互帮助。这能起到理解深透和自学自创的作用。1964 年我校的教改主要着眼于教师的教，现在则是着眼于学生的学。我们既肯定教师的主导作用，如对学生进行启发、引导、点拨、解惑、概括，但是，又不过分强调教师的主导作用。教师的主导作用，应当是为了学生的学，师生通过评论式的教学，在教学过程中共同探索。

2. 充分发挥课堂的作用。课堂主要是学生的学堂，而不是教师的讲堂。由于传统的影响，教师在课堂中讲授的时间比较多。其实每个学生都有教材，如有不懂的地方，教师只需加以适当的启发、引导、点拨、解惑，或同学生一起总结，这就是发挥了教师的主导作用。主导作用不等于教师一讲到底，应当将课堂的宝贵时间主要给学生学习，让学生有时间在课堂内完成作业。

3. 注重学生的作业。学生做作业的过程，是学生掌握知识的重要过程。我们现在把学生的作业、批改作业都放在课堂里。前后左右 4 人为小组，既是学习小组，又是生活小组。课堂议论时可以 4 人议论，也可以跨组议论。学生的作业在小组内相互批改。我们不主张教师精批细改，教师的精批细改，作业发下去，成绩好的学生看了很高兴，成绩不好的学生就可能扔掉。让学生相互批改作业，教师也不能放任自流，一定要精心轮番抽查。要充分运用课堂时间，做到课堂教学在课堂里完成，这样课外活动的时间就有了保证。

第五，对学生的自治自理能力的培养。我们常常听到学生反映"没劲"。什么原因呢？除陈腐的教学方法外，还有班主任的工作方法问题。

主要是没有培养发挥学生自己相互教育的作用和培养他们的学习兴趣。因此，我们把班主任改为班级辅导员，他们工作的性质就是辅导，自主权在班委会，初中增加一个高中学生，作为副的班级辅导员。班级辅导员的责任有三条：第一条，要十分关心和了解班级的学生；第二条，要当好班委的参谋；第三条，要联系各位任课教师，统一要求。所谓培养自治自理的能力，主要是通过有领导的集体活动，让学生自己教育自己，提高学生的思想政治觉悟，培养学生的学习能力、活动能力和组织工作能力。

第六，对考试的改革。我们学校从 1980 年就取消了期中考试，1982 年上半年取消了期末考试。考试取消以后，改为教师经常地与学生进行口谈、笔谈。通过口谈、笔谈，能够更好地了解学生，指导学生，帮助学生和鼓励学生。我校评定学生的成绩，以"优、良、中、及格、不及格"五等，代替百分法。我们认为，考试往往带有一定的偶然性，考试得分的高低，很难反映学生的真实水平。为了做好这一工作，我们将以教研组为主的办公室，改为以年级为单位的教师办公室。每一办公室有一个年级辅导员，还有四个班级辅导员。同时，我们取消了教研组，改设学科委员，定期召开本学科的教师会议。它的任务，一是交流经验，大家评议；二是组织教师轮流系统讲学，大家评议。

第七，学校管理的改革。学校管理的目的，主要是更好地为学校的教育、教学工作服务。学校应该要有规章制度，但规章制度应从实际出发，宜粗不宜细，必须可行。规章制度要路路相通，好比网，而不能把人网死。改革学校管理工作，首先要做到党政分开。学校党支部的领导，应保证和监督党的路线、方针的贯彻，坚持四项原则；党要管党，统一党员的思想，并起带头和模范作用。学校行政方面，应精简机构，取消教导主任这一级，校长要一沉到底。我校最高的顾问、咨询机构，是校务委员会，它的主要成员有教工代表小组长、名誉校长、特级教师、学校民主党派负责人。我校最高决策机构，是校务会议，下设两个委员会：一个是思想工作委员会，一个是教学研究委员会。思想工作委员会的主任委员是校长，委员有学校的工会主席、团委书记、少先队负责人，以及年级和班级辅导员代表、工会小组长、学生会代表、班委会代表。思想工作委员会的主任、副主任参加校务会议。教学研究委员会的主任委员是校长，副主任是副校长，委员有原来的教导主任和副教导主任；还成立了一个体卫领导小组，组长参加校务会议。教导处和总务处合并，成为校务办公室。主任、副主任参加校务会议。这样就形成了校长负责制，同时又加强了对学校的集体领导。为了加强民主管理，我们重视了学校教工代表大会，定期召开会议。在民主管理方面，我们还组织成立了一个家长委员会，在学期开始或将结束的时候，一般分别开一次会议，向大家汇报一学期打算和一学期的基本情况，听取意见。

我们学校的这些改革，尚处于试验和探索之中，还有待于进一步总结和改进。

（选自《段力佩教育文集》增订本，上海教育出版社 1989 年版，第 229—234 页）

坚定不移地进行教育改革

一、我们的办学思想

办学为什么？是单纯以追求升学率高为目标还是为培养人才？这是教育系统几年来一直争论得十分激烈，至今仍未解决的论题。一些人认为升学率高就是学校质量高的唯一标志。因此，在做法上，只要能提高升学率的就干。于是采取贪多求快，贪高求洋，加班加点大搞题海战术的拔苗助长式的做法。我们认为这种办学思想是不正确的。这种教育思想从表面上看好像在抓智育，实际上却是以所谓的智育封闭了学生智力的发展，妨碍了学生道德和体质的健康的发展和成长，是在折磨学生。

我们办学的思想是：办学是为育人，是为把学生培养成德、智、体全面发展的精神文明者。具体来说，包括下列几方面。

1. 在培养人的问题上要划清教育和制造的界限。人是最高级、最复杂的生命体，是有社会性的有主观能动性的动物。所以对人只能根据外界条件去引导培养，使他们自己内部的机能相互促进而成长和发展，绝不能用强加或灌输的制造方法。而教育的侧重点又在育，这种育是用外界的条件依循人的生长自身运动规律，按照我们对下一代的培养目标去进行，也就是说教育必须作用于以共产主义为指导的社会主义现代化建设。因此，我们从人的实际，从青少年的实际和培养目标出发，面向大多数学生，坚决抵制片面追求升学率的错误思潮的影响，特制订了三条行政禁令：（1）不准加班加点；（2）不搞题海战术；（3）不搞任何形式的统考统测。坚持以党的教育方针来全面教育学生。

2. 普通教育的性质，是培养下一代成为精神文明者。关于普通教育的性质争论很多：先说教育是上层建筑，又说教育是生产力，再说教育既是上层建筑又是生产力。把教育说成上层建筑，实践证明是不对的，讲教育是生产力也不对，我们普通教育到底掌握了多少科学技术？能有多少科学技术知识去转化为生产工具使之成为生产力呢？我们认为：普通教育应该看培养的中小学生是否是一个精神文明者，以精神文明适应生产力，推动生产，从而发展生产，所以普通教育的性质以精神文明为主。如果我们所培养的学生有了这种精神文明，那么他们一定是精神振奋、有理想、有抱负、能为祖国的未来独立运用所掌握的知识去奋斗、去创造的人，这正好体现出精神文明与物质文明的关系。

3. 要正确处理好德、智、体三方面的关系。德、智、体三育是相互联系，相辅相成的。我们认为：德育是根本，智育是关键，健康是第一。青少年的时间大多用在课堂学习上，课堂教学体现了智育，所以智育是关键。教师要树立教书育人的观点，在教书的时候，要重视对学生进行爱国主义和历史唯物与辩证唯物论的教学，要认识到知识教学的过程也就是德育教育的一条途径。体育又是与德育、智育密切相关的。强健的体质是发展智力的必要条件，体育锻炼又能使意志和毅力得到培养和锻炼。这种意志和毅力是升华为拼搏精神的基础。不论是德也好，智也好都依附在身体上，所以健康第一。德、智、体三育实际上科学地概括了人健康成长的各育。要使学生德、智、体诸方面都得到发展就必须正确处理好这三者关系。

4. 抓住共性发展个性的关系。人的个性的形成，有其许多复杂的因素，有家庭和社会环境的影响，也有本人在社会实践中所受到的教育和个人的努力程度的作用，也有生理上的遗传因素。而现在的学校教育一般是强求一律，一刀切，统的多，抓共性多，发展学生个性的少，这样不利于人才的培养。我们认为在教育中既要抓共性，又要发展个性，对学生既要有共同的培养目标，又要让学生有发展个性的机会。要创造投其所好，展其所长的条件，要给予他们有自己安排的时间，这样才有利于人才的培养。

5. 要发挥学生的主体作用，把教育工作的立足点放在"导"上。传统的教育观是把学生当作教育的客体。在这种观念指导下，形成了传统的教学方法，如满堂灌、加班加点、题海战术等一系列不符合教育规律的做法。在教育中应发挥学生的主体作用和主观能动作用。当然教师也应发挥作用，但教师的作用应立足于导。因此我们的做法是有领导地有集体主义地让学生自己教育自己。重视对学生自治自理与自学自创能力的培养，在自我教育过程中培养学生的自治能力。自治能力体现在政治工作能力、组织工作能力与当家做主的主人翁思想上。学生的自学能力是通过教学的侧重点放在学生的"学"上来实现的；教师的作用在于引导、启发、点拨、解惑。不论在教育和教学中都应把学生放在主体地位。学校一切工作都应从为学生着想出发。

6. 重视教师（包括一切办学人员）在育人中的作用。要调动教师的积极性，首先要准确看待教师的提高和进步。学生每年升级了，教师也在逐年提高，这是我们看待教师的一个基本观点。只有看到教师的进步才能尊重、相信、依靠教师，才能扬教师所长避教师所短，使其各得其所。同时要关心教师，减轻教师的负担。其一是精神上的负担，如片面追求升学率的负担，得不到信任等；其二是教学上的负担，如去除不切实际的教案与批改作业的无效劳动，过多考试上的无效劳动；其三在生活上的家务劳动负担，解除后顾之忧。总之要造成尊重教师、信任教师、关心教师的气氛，真正落实知识分子政策，调动教师的积极性，这是顺利开展教育改革所必需的。

二、我们所进行的改革

根据上述办学思想，从改革教学方法入手，进行改革。

1. 教学方法的改革。首先转变教学的指导思想，把教学的侧重点从教转到学上。变课堂为学堂，在改革的实践中，通过试点总结形成了"读读、议议、练练、讲讲"有领导的茶馆式的教学形式。这种教学形式是：通过读读让学生读通课文，了解大意；通过议议来解惑和加深对课本内容的理解，议议中的问题有教师提出的，也有学生提出的，通过议让学生自己来解决这些问题。这样就能调动学生学习的主动性、自觉性、积极性。议议是通过课堂上前后左右四个学生组成的学习小组（这个小组也是学生的生活小组，是学生集体的细胞）进行的。练练是在课内作为理解和掌握课本教学内容的联系，通过练练做到课堂学的知识当堂消化当堂掌握。讲讲是指教师进行点拨、引导、解惑、总结、画龙点睛。这种讲根据教学需要可以对个别学生讲，也可以对一个学习小组讲，也可以对整个班级讲。这样使教师的讲有针对性，这也体现了教师的主导作用。在这种教学形式中，读读是基础，议议是关键，练练是应用，讲讲贯穿始终。这八个字不是一种机械的教学程式，不是门门课、堂堂课都照搬硬套。而是因学科、年级、班级不同有所区别。它的精神实质是以七嘴八舌生动活泼的教学气氛代替严肃死板的教学气氛，使学生从刻板的灌输中解放出来，让学生做学习的主人。这样做充分利用课堂时间，调动了学生的学习积极性，活跃和发展了学生的思维，培养了学生的自学能力与创造性思维能力，学生在课外有更多的时间发展自己的爱好和特长。所以做到了既减轻学生的课外负担，又提高了教学质量。

2. 改革教材。现在教材有两大毛病：其一是高不可攀、深不见底；其二是一次认识而不是反复加深。我们改革教材的第一步是处理教材。我们处理教材的原则是，一是量要减低质要提高，二要循序渐进。所谓量低是把教材的分量减低，质要高是指使学生的消化程度要提高。我们要求教师改变教学的进度大大超过学生消化程度的状况，改变教材跳跃式和不按认识规律编排的状况。在教材处理中我们注意掌握普遍性（普通中学的要求）、系统性（知识的系统性）、联系性（各段材料之间、各学科之间）、感染性、主从性（分主次）、反复性（认识规律）等六个性，使教材适应学生实际，符合学生的认识规律。特别对语文教材作了较大改革，节选情节连贯的中国古典章回小说作为语文教材。如初一学习《西游记》《水浒传》，初二学《老残游记》《儒林外史》，初三学习《红楼梦》《三国演义》。这些小说的编选是取一个中心，逐回编选。如《西游记》是以孙悟空大闹天宫为中心的连回编选，目的是求得文字语言在连贯发展的情节中有一条横的序，序的纵横交织使语文教学能循序渐进。高中学习《史记》的《列传》、《战国》的《国策》。在这基础上，高中最后一年从语法、修辞、逻辑来整理已读过的文章。对统编教材采取一次多篇的办法进行教学，把几篇文章放在一起进行比较：词句如何表达主题，主题又如何统帅词句。还组织学生对"范文"评论，不让"范文"框死学生的脑子。我们一般用三分之二的时间学自编教材，三分之一的时间学统编教材。并且要两者结合，联系当前实际进行评论。

3. 改革课时安排。为了使课时安排有利于学生思维活动的合理调节，停止兴奋中心高度的、长时间的持续集中而导致疲劳、产生抑制，影响思维的充分发挥，我们按学科的性质，使脑力与体力交替，形象思维与逻辑思维交替，改变了四十五分钟一刀切的上课制，改为大小课时制。每天课时安排分为三段，每段分为二节，一节为大课五十五分钟，一节为小课三十分钟，中间间隔十分钟为换课时间。每天六节课，第一、三、六为大课，第二、四、五节为小课。上午第二节课后有三十分钟的大休息，让学生有较多时间在室外活动接触太阳光，以有益于学生身心的发育。学生还可以利用这个时间吃学校自己制作的点心。大课主要上逻辑性较强的课，小课较多上形象思维的课。小课主要是体育课、音乐课、史地课等。这样大小课制对脑力活动起到了调节作用。使学生的学习生活有劳有逸、有张有弛，有规律、有节奏。在我区同年级学生的脑疲劳程度的测试中，我校学生的脑疲劳程度的指数大大低于其他学校。

4. 改革课程设置。中学教育对一个人来说是带有终身影响的，所以中学教育的课程设置应给予学生以终身受用的最一般、最基础的自然科学和社会科学知识。通过这些知识的学习，使学生逐步认识世界，逐步形成正确的世界观和人生观，形成要求改造世界的愿望。同时，掌握了打开知识宝库的钥匙。据此，我们对原有课程设置作了适当改革。把政治、语文、外语、数学、历史、地理、生物作为常设课列入从初一到高三的课程中，物理从初二开始直到高三，化学从初三到高三，体育重点经常锻炼，英语重点反复练习。差不多每天一节的音乐可陶冶性情，从初一到高三都开设。这样每个学生学习的课程门类多了一些，但是各课之间是有联系的，只要安排得当，可以相辅相成，相互调节，相得益彰。为了扩展学生视野，启发学生的思路，我们还在初一年级一个班开设了知识课，请了一些数、理、化、生老师给初一学生讲一些以后课本不会学到，但又在我们生活中常会遇到的一些自然现象和现代科学一些新分支和边缘学科（通俗介绍，使学生能接受），但课后不布置作业，不进行考试，实践下来受到学生的热烈欢迎。

我们考虑到学生共性与个性的关系，不但设置具有共性的必修课，而且为发展学生个性，从高二起开设选修课，着眼于发展学生个性。学生可以根据自己的兴趣、爱好、基础参加选修课，每人最多选四门，现在开设数、理、化、英、历史、地理、计算机等选修课，选修课也正式列入课表。选修不仅是必修的补充与延续，更重要的是开拓知识面，为学生的个性发展，为鼓励学生冒尖，提供良好的条件。

5. 有领导有计划地开展课外活动。我们把习题作为重要的教材，在课堂里让学生共同探索和解决，这样就能从根本上解决"课堂教学课堂了"的问题。课外就能让学生有时间自己安排去发展个性。在这基础上我们大力开展动手、动脑的课外活动和有益于身心健康发展的文体活动，并从学校经费中抽出四千元专供学生拆拆装装，并鼓励学生在拆装过程中搞小创造小发明。选修和广泛地开展课外活动，使不少学生的聪明才智得以发挥。

6. 改革考试方法。在片面追求升学率的思潮影响下，考试成了教师刺激学生学习积极性的手段，成了片面追求升学率的敲门砖。于是出现考试频繁，学生为应付考试疲于奔命的现象。这样不但破坏了正常的教学秩序，而且压抑了学生学习积极性和学习的兴趣。为此，我们对考试进行了改革。首先明确考试的意义。我们认为，考试有两种意义，一是让学生自己去探索知识，二是教师对学生所掌握知识进行考核了解。其做法从学校内部来说，应该让教学过程成为学生对知识的探索过程。教师考查了解学生，主要是靠平时的化整为零地在课内外进行的师生间心情舒畅地从思想到学科知识的笔谈和面谈来达到。所以我们从1980年代起就取消平时测验和期中考试，代之以开卷小结、独立作业、笔谈面谈等。期终考试，改为期末进行大型面谈，即每班分四组，每组十人左右，面谈一组一组进行。每组内的十名学生每人抽一张卡片准备半小时，然后逐个上讲台讲述自己所准备的问题解答的情况，讲后师生共同进行讨论，这样一个人接触到了十套题，把一学期学的内容基本上都涉及了；在大家的讨论中，又使学的知识融会贯通，促使大家深入思考一些新问题。这样的考试既减轻了学生负担，又考出了学生学习积极性。我们算了一笔账，取消了期中期末考试，六年中学可变成读七年书了，因为每学期用在期中期末考试的时间就得一个月，取消了这两个考试，这一个月的时间就可花在正常学习上了。

关于品德考查，期中、期末各要进行一次，主要是通过学生自己互评，写出评语打下等第。

（原载于《宁波师院学报（社会科学版）》1985 年第 4 期）

段力佩著述年表

1953 年

1.《为国家培养合乎规格的建设人才》,《文汇报》10 月 1 日。

1955 年

2.《提高政治警惕,克服前进道路上的困难》,《文汇报》7 月
16 日。

1957 年

3.《二部制的实践》,《文汇报》2 月 8 日。

1958 年

4.《我们是教师,也是战士》,《文汇报》9 月 11 日。

1959 年

5.《对调皮学生的教育》,收录于段力佩著:《段力佩教育文集》
(增订本),上海:上海教育出版社。

6.《教育随笔》,《上海教育》第 9、10、11、16 期。

7.《后来居上》,《上海教育》第 12 期。

8.《高中语文第六册〈沁园春〉》,《上海教育》第 15 期。

9.《为完成教育任务而斗争》,《文汇报》9月2日。

1961 年

10.《安排好教学进度》,收录于段力佩著:《段力佩教育文集》(增订本),上海:上海教育出版社。

11.《加强守则教育,培养学生良好的行为习惯》,收录于段力佩著:《段力佩教育文集》(增订本),上海:上海教育出版社。

1962 年

12.《试论语文课的基础知识教学和读写能力的培养问题（学术研究)》,《上海教育》第6期。

13.《怎样提出恰当的教学要求》,《上海教育》第8期。

14.《以教学为主全面安排学校工作》,收录于段力佩著:《段力佩教育文集》(增订本),上海:上海教育出版社。

1963 年

15.《关于领导教学工作的几点体会》,《人民教育》第3期。

16.《一个重要方面》,《文汇报》5月11日。

17.《学校领导干部兼课问题》,《光明日报》10月18日。

1964 年

18.《要减轻教师负担》,收录于段力佩著:《段力佩教育文集》(增订本),上海:上海教育出版社。

19.《紧扣教材,边讲边练,新旧联系,因材施教》,收录于段力佩著:《段力佩教育文集》(增订本),上海:上海教育出版社。

20.《一个班减轻学生负担的初步经验》,《人民教育》第3期。

21.《依靠群众,改进教学》,《文汇报》4月3日。

22.《不能让资产阶级思想钻空子》,《文汇报》7月10日。

23.《依靠教师改进教学方法》,《上海教育》第4期。

24.《要使学生在德智体方面生动活泼地主动地得到发展》,《中国青年》第 7 期。

1965 年

25.《减轻学生负担　提高教学质量》,收录于段力佩著:《段力佩教育文集》(增订本),上海:上海教育出版社。

26.《教师的主导作用与学生的主动性》,收录于段力佩著:《段力佩教育文集》(增订本),上海:上海教育出版社。

27.《改进考试方法的初步尝试》,《上海教育》第 8 期,署名育才中学。

1966 年

28.《对学校体育的看法和做法》,《新体育》第 2 期。

29.《反掉一切私心杂念,全心全意为学生服务》,《文汇报》2 月 12 日。

30.《人的体质是可以改造的》,《上海教育》第 4 期。

31.《加强学校的体育工作》,收录于段力佩著:《段力佩教育文集》(增订本),上海:上海教育出版社。

1977 年

32.《后勤工作要为教学第一线服务》,收录于段力佩著:《段力佩教育文集》(增订本),上海:上海教育出版社。

33.《照顾共性　发展个性》,收录于段力佩著:《段力佩教育文集》(增订本),上海:上海教育出版社。

34.《十七年红线占主导地位的估计不容篡改》,《文汇报》11 月 19 日。

35.《十七年教育成果抹煞不了》,《解放日报》11 月 22 日。

1978 年

36.《谈谈提高教学水平的一些问题》,《上海教育》试刊。

37.《语文教学方法的一些设想和实践》,《上海教育》第 3 期。

38.《减少浪费挖掘潜力》,《光明日报》5 月 17 日。

39.《儿童教育成人化的弊病非改不可》,《光明日报》5 月 18 日。

40.《上海市育才中学采取切实措施改革课堂教学,减轻学生负担》,《光明日报》12 月 14 日。

41.《语文学科的性质》,《文汇报》10 月 25 日。

42.《提高课堂教学效果》,收录于段力佩著:《段力佩教育文集》(增订本),上海:上海教育出版社。

43.《"尖子"与大面积提高》,收录于段力佩著:《段力佩教育文集》(增订本),上海:上海教育出版社。

44.《高峰可攀,必须拾级而登》,收录于段力佩著:《段力佩教育文集》(增订本),上海:上海教育出版社。

1979 年

45.《一位中学校长的来信》,《人民教育》第 2 期。

46.《谈谈提高教育质量的问题》,《教育研究》第 2 期。

47.《谈谈语文教材》,《语文学习》第 2 期。

48.《学习人民教育家陶行知先生》,《上海教育》第 8 期。

49.《中学生应重点学文化》,《文汇报》9 月 1 日。

50.《思想教育要从实际出发》,收录于段力佩著:《段力佩教育文集》(增订本),上海:上海教育出版社。

51.《有领导的"茶馆"式的教学形式——读读、议议、练练、讲讲》,收录于段力佩著:《段力佩教育文集》(增订本),上海:上海教育出版社。

52.《正确处理德智体三方面的关系》,收录于段力佩著:《段力佩教育文集》(增订本),上海:上海教育出版社。

53.《如何进行美育》,收录于段力佩著:《段力佩教育文集》(增订本），上海：上海教育出版社。

54.《兴趣、爱好与理想》，收录于段力佩著：《段力佩教育文集》(增订本），上海：上海教育出版社。

55.《安排好学生的课余生活》，收录于段力佩著：《段力佩教育文集》(增订本），上海：上海教育出版社。

56.《把教师从作业堆里解脱出来》，收录于段力佩著：《段力佩教育文集》(增订本），上海：上海教育出版社。

57.《要重视提高教师的水平》，收录于段力佩著：《段力佩教育文集》(增订本），上海：上海教育出版社。

58.《关于班主任队伍》，收录于段力佩著：《段力佩教育文集》(增订本），上海：上海教育出版社。

59.《特殊学生需要特殊教育措施》，收录于段力佩著：《段力佩教育文集》(增订本），上海：上海教育出版社。

60.《深入教学第一线》，收录于段力佩著：《段力佩教育文集》(增订本），上海：上海教育出版社。

1980 年

61.《学校教育怎样为下一代负责——与家长们商榷》，《文汇报》4 月 22 日

62.《要导中有禁》，《文汇报》7 月 11 日。

63.《为一般中学说几句话》，《文汇报》11 月 19 日。

64.《"德、智、体"我见 (校长笔记)》，《上海教育》第 8 期。

65.《解放思想，注重试验，努力探索教育规律》，《上海教育》第 9 期。

66.《认真扎实地抓好防近工作》，《上海教育》第 11 期，署名育才中学。

67.《合理调节教学工作的各种关系》，《教育研究》第 3 期。

68.《切实办好重点学校》,《人民日报》7 月 26 日。

69.《谈谈挖掘智力潜力》,《人民教育》第 10 期。

70.《办学应当多样化》,收录于段力佩著:《段力佩教育文集》(增订本),上海:上海教育出版社。

71.《对办好普通教育的建议》,收录于段力佩著:《段力佩教育文集》(增订本),上海:上海教育出版社。

72.《高校招生办法应改进》,收录于段力佩著:《段力佩教育文集》(增订本),上海:上海教育出版社。

73.《课时安排要符合大脑活动的规律》,收录于段力佩著:《段力佩教育文集》(增订本),上海:上海教育出版社。

74.《体育锻炼要按规律进行》,收录于段力佩著:《段力佩教育文集》(增订本),上海:上海教育出版社。

75.《既要保证重点,又要办好一般》,收录于段力佩著:《段力佩教育文集》(增订本),上海:上海教育出版社。

76.《开展体育运动 培养精神文明》,收录于段力佩著:《段力佩教育文集》(增订本),上海:上海教育出版社。

1981 年

77.《作文的评分标准是什么?语句不通怎能成文》,《语文学习》第 1 期。

78.《实事求是,搞好教育改革》,《教育研究》第 8 期。

79.《上海育才中学行政管理改革试验》,《教育研究》第 10 期。

80.《教书要育人(校长笔记)》,《上海教育》第 9 期。

81.《纪念陶行知先生》,《文汇报》10 月 18 日。

82.《立足点在哪里?(一)》,《文汇报》11 月 26 日。

83.《说"育"(二)》,《文汇报》12 月 3 日。

84.《"茅塞顿开"(三)》,《文汇报》12 月 31 日。

85.《党政分工，精简机构》，收录于段力佩著：《段力佩教育文集》(增订本)，上海：上海教育出版社。

86.《开发智力和学校体育》，收录于段力佩著：《段力佩教育文集》(增订本)，上海：上海教育出版社。

87.《智力开发和学校体育——上海市育才中学校长段力佩同志在一次座谈会上的讲话》，《江苏体育科技》第2期。

88.《学校教育要为下一代着想》，收录于段力佩著：《段力佩教育文集》(增订本)，上海：上海教育出版社。

89.《教育的侧重点在于育》，收录于段力佩著：《段力佩教育文集》(增订本)，上海：上海教育出版社。

90.《考试方法必须改革》，收录于段力佩著：《段力佩教育文集》(增订本)，上海：上海教育出版社。

91.《让班级实行学生自治自理》，收录于段力佩著：《段力佩教育文集》(增订本)，上海：上海教育出版社。

92.《浅谈挖掘智力的潜力》，收录于段力佩著：《段力佩教育文集》(增订本)，上海：上海教育出版社。

93.《必须重视劳动教育》，收录于段力佩著：《段力佩教育文集》(增订本)，上海：上海教育出版社。

94.《对中学"双基"提法的一些看法》，收录于段力佩著：《段力佩教育文集》(增订本)，上海：上海教育出版社。

95.《关于办好校办工厂的一些设想》，收录于段力佩著：《段力佩教育文集》(增订本)，上海：上海教育出版社。

96.《关于中学、小学、幼儿园的衔接问题》，收录于段力佩著：《段力佩教育文集》(增订本)，上海：上海教育出版社。

97.《要立足于社会主义教育事业》，收录于段力佩著：《段力佩教育文集》(增订本)，上海：上海教育出版社。

1982 年

98. 段力佩著：《段力佩教育文集》，上海：上海教育出版社。

99.《"寓学于玩"和"寓玩于学"（四）》，《文汇报》1 月 14 日。

100.《锻炼和休息——不花钱的营养》，《文汇报》1 月 28 日。

101.《语文教材改革的尝试》，《语文学习》第 1 期。

102.《提高写作能力有序可循》，《写作》第 1 期。

103.《试论重点学校与一般学校的关系问题》，收录于段力佩著：《段力佩教育文集》(增订本)，上海：上海教育出版社。

104.《要为了孩子　不要折磨孩子》，《为了孩子》第 2 期。

105.《如何学好语文——写给中学生》，《中学语文教学》第 4 期。

106.《忆伯韬》，《上海教育》第 5 期。

107.《谈教育的性质》，《教育研究》第 6 期。

108.《段力佩同志漫谈教育思想》，《上海青少年研究（中小学教育专刊)》11 月 5 日。

1983 年

109.《从课程教材谈小学生的思想品德教育》，《课程·教材·教法》第 1 期。

110.《为开创教育新局面鸣锣开道》，《新闻记者》第 1 期。

111.《要把书读活——新学期致同学们》，《青年报》2 月 25 日。

112.《谈谈学校科学管理的意义》，《中学教育》第 3 期。

113.《集体领导与民主管理》，《中学教育》第 5 期。

114.《育才中学管理体制的改革》，《中学教育》第 6 期。

115.《谈谈班级工作的改革》，收录于段力佩著：《段力佩教育文集》(增订本)，上海：上海教育出版社。

116.《体育卫生结合好处多》，收录于段力佩著：《段力佩教育文集》(增订本)，上海：上海教育出版社。

117.《再谈语文教学改革》，《语文学习》第 6 期。

118.《谈谈中小学美育》，《美育》第 6 期。

119.《对语文教学的一些看法和实践》，《语文教学通讯》第 7 期。

120.《我的事业从这里开始》，《苏州报》9 月 25 日。

121.《让孩子做学习的主人　不要做分数的奴隶》，《为了孩子》第 10 期。

122.《上海育才语文教学经验介绍：语文和语文教学》，《语文教研》第 10 期。

1984 年

123.《教育改革的指导思想和实践》(一)(二)，《上海教育科研》第 2、3 期。

124.《要重视体育》，收录于段力佩著：《段力佩教育文集》(增订本)，上海：上海教育出版社。

125.《我们育才中学教育改革的基本情况》，收录于段力佩著：《段力佩教育文集》(增订本)，上海：上海教育出版社。

126.《让高中教室里响起嘹亮歌声》，收录于段力佩著：《段力佩教育文集》(增订本)，上海：上海教育出版社。

127.《"男拳女舞"好》，《体育报》3 月 23 日。

128.《我与储能中学的学运》，《上海青运史资料》第 3 辑。

129.《应取消中学教师坐班制》，《人民政协报》第 4 期。

130.《对数学教学的一些意见》，《中学教研（数学）》第 5 期。

131.《略谈政治课的任务和教学方法》，《政治教育》第 6 期。

132.《对改革中学管理体制的一些想法》，《人民日报》9 月 2 日。

133.《怎样看待中学生的语文水平》，《语文教研》第 10 期。

134.《教改的回顾与前瞻》，《上海教育》第 10 期。

135. 《继续关心教育改革》，《文汇报》10 月 16 日。

136. 《改革声中谈高考》，《陕西教育报》11 月 25 日。

137. 《克服忙乱现象》，《新民晚报》12 月 7 日。

1985 年

138. 《德育是根本，智育是关键，健康是第一》，《拼搏报》1 月 19 日。

139. 《做中小学教师光荣》，《行知研究》第 1 期。

140. 《写给〈中学生文史〉》，《中学生文史》第 1 期。

141. 《关于开展课外活动的问题》，《第二课堂》第 2 期。

142. 《坚定不移地进行教育改革》，《宁波师院学报（社会科学版）》第 4 期。

143. 《关于校长工作》，《教师报》(西安) 5 月 19 日。

144. 《写在我国第一个教师节之前》，《中学教育》(班主任工作研究版) 第 6 期。

145. 《首先要端正教育思想》，《中学教育》(学校教育与管理版) 第 11 期。

146. 《贺词》，《中学生》第 8 期。

147. 《在教学中不断探索》，《红旗》第 17 期。

1986 年

148. 《谈谈校长工作》，《新疆教育》第 1 期。

149. 《校长工作谈》，《教育管理》第 1 期。

150. 《谈班主任工作》，《班主任》第 4 期。

151. 《怎样做好校长工作》，《教育管理》第 5—6 期。

152. 《教改与人才培养》，收录于段力佩著：《段力佩教育文集》(增订本)，上海：上海教育出版社。

153.《要对学生进行性知识的教育》，收录于段力佩著：《段力佩教育文集》(增订本)，上海：上海教育出版社。

154.《教育改革　把人教活》，收录于段力佩著：《段力佩教育文集》(增订本)，上海：上海教育出版社。

155.《怎样评估一个学校》，《教育信息报》6 月 5 日。

156.《教改要着眼于学生个性共性的和谐发展》，《上海教育》(中学版) 第 7—8 期。

157.《怎样团结好教职工——校长工作随笔之二》，《行政与人事》第 8 期。

158.《勇于探索，敢于改革 (校长工作)》，《行政与人事》第 9 期。

159.《端正办学思想与怎样当好校长——著名教育家段力佩应邀在银川市教育改革专题报告会上的讲话 (摘要)》，《宁夏教育》第 10 期。

160.《说教材的革新》，《文汇报》11 月 6 日。

161.《我校全面开展教育改革的基本总结》，《中学教育》(学校管理版) 第 11 期。

1987 年

162.《改革教法的探索》，《人民教育》第 C1 期。

163.《把学校教育的体育重视起来》，《体育周报》1 月 14 日。

164.《全面开展教育改革》，《中国教育学会通讯》第 2 期。

165.《做好中小学教师聘任工作》，《光明日报》4 月 7 日。

166.《政治理论课改革的尝试》，收录于段力佩著：《段力佩教育文集》(增订本)，上海：上海教育出版社。

167.《找准问题　改进方法　提高效果》，收录于段力佩著：《段力佩教育文集》(增订本)，上海：上海教育出版社。

168.《伯乐、千里马与考试》，收录于段力佩著：《段力佩教育文集》(增订本)，上海：上海教育出版社。

169.《处理好学校教育与家庭教育的关系》，收录于段力佩著：《段力佩教育文集》(增订本)，上海：上海教育出版社。

170.《学校大面积丰收应该是人才辈出》，收录于段力佩著：《段力佩教育文集》(增订本)，上海：上海教育出版社。

171.《在教学实践中培养教师》，收录于段力佩著：《段力佩教育文集》(增订本)，上海：上海教育出版社。

172.《灌输与探索》，收录于段力佩著：《段力佩教育文集》(增订本)，上海：上海教育出版社。

173.《谈谈美育教育问题》，收录于段力佩著：《段力佩教育文集》(增订本)，上海：上海教育出版社。

174.《著名教育家段力佩在衢州市教育界千人大会上的讲学报告(根据录音整理)》，《衢州教育学会通讯》第 3 期。

175.《需要对各科教学规律进行再探索》，《解放日报》12 月 21 日。

1988 年

176.《"大面积丰收"质疑》，《文汇报》1 月 2 日。

177.《教育改革与人才开发》，《中学教育》第 1 期。

178.《课堂教学课堂了》，《方法》第 1 期。

179.《我校也拆墙经商了》，《方法》第 6 期。

180.《政史结合的好处》，《政治教育》第 1 期。

181.《开放与封闭》，《教学月刊》(中学文科版) 第 2 期。

182.《教海沉浮话甘苦》，《上海教育》(中学版) 第 11、12 期。

1989 年

183. 段力佩著：《段力佩教育文集》(增订本)，上海：上海教育出版社。

184.《美育是德育的重要途径》,《黑龙江农垦师专学报》第 1 期。

185.《一份注意理论联系实际的刊物》,《中学教育》第 1 期。

186.《谈谈中学道德教育的几个问题》,《中学教育》第 11 期。

187.《陈旧的学制必须改革》,《文汇报》3 月 20 日。

188.《漫谈中小学德育教育》,《文汇报》7 月 21 日。

1990 年

189.《校长与支部书记——学校管理的两个关键人》,《河南教育》第 1 期。

190.《民主与聪明》,《民主》第 4 期。

191.《抓住整体　探索规律　深化改革》,《中学教育》(学校管理版) 第 5 期。

192.《迈好青春第一步》序,收录于许祖馨编写:《迈好青春第一步(修订本)》,福州:福建少年儿童出版社。

193.《提倡在中小学学粉画》,《新民晚报》1990 年 8 月 17 日。

194.　《向学校家长推荐一本书——〈迈好青春第一步〉修订本》,《解放日报》8 月 18 日。

1991 年

195.　段力佩主编:《中学作文讲析辞典》,上海:上海辞书出版社。

196.《论德育是首位》,《中学教育》(学校管理版) 第 10 期。

1992 年

197.《〈企业文化〉问世对我的启示》,《企业文化》第 2 期。

198.《中小学体制改革之我见》,《湖北教育报》4 月 27 日。

199.　《中国社区教育先驱——纪念人民教育家俞庆棠先生 95 诞辰》,《上海教育》(中学版) 第 10 期。

1993 年

200.《语文考试新思路·序》，收录于王必辉主编：《语文考试新思路》，太原：山西高校联合出版社。

201.《减轻负担提高质量》，《中学生知识报》4 月 6 日。

202.《为了金牌选手后继有人》，《文汇报》5 月 12 日。

1995 年

203.《育才中学的教育改革》，《教师博览》(文摘版) 第 6 期。

1996 年

204.《我看应该这样学语文》，《中学生知识报》5 月 25 日。

1997 年

205.《储能中学革命斗争回忆》，收录于中共上海市委党史资料征集委员会主编：《中共上海党史资料选辑：上海市中学教师运动史料选》，上海：上海教育出版社。

开明教育书系(第一辑)

不安故常

——俞子夷教育文选

俞子夷著　丁道勇选编

定价：85.00 元

新人的产生

——周建人教育文选

周建人著　朱永新 周慧梅选编

定价：75.00 元

造就女界领袖

——吴贻芳教育文选

吴贻芳著　吴贤友选编

定价：50.00 元

教是为了不需要教

——叶圣陶教育文选

叶圣陶著　朱永新选编

定价：130.00 元(全二册)

教育要配合实践

——车向忱教育文选

车向忱著　车红选编

定价：70.00 元

谋求适合中国国情的教育

——杨东莼教育文选

杨东莼著　周洪宇选编

定价：65.00 元

改造我们的教育

——董纯才教育文选

董纯才著　姚宏杰 王玲选编

定价：85.00 元

教学是最渊博最复杂的艺术

——傅任敢教育文选

傅任敢著　李燕选编

定价：65.00 元

教育必须是科学的

——陈一百教育文选

陈一百著　裴云选编

定价：60.00 元

生命·生活·生态

——顾黄初教育文选

顾黄初著　梁好选编

定价：75.00 元

图书在版编目(CIP)数据

有领导的"茶馆"式教学:段力佩教育文选/段力佩著;李元选编. --北京:开明出版社,2024.5

(开明教育书系/蔡达峰主编)

ISBN 978-7-5131-8697-1

Ⅰ.①有… Ⅱ.①段… ②李… Ⅲ.①教育-文集 Ⅳ.①G4-53

中国国家版本馆 CIP 数据核字(2024)第 011108 号

出 版 人:陈滨滨

责任编辑:程 刚 卓 玥

有领导的"茶馆"式教学:段力佩教育文选

YOULINGDAODE "CHAGUAN" SHIJIAOXUE:DUANLIPEIJIAOYUWENXUAN

出 版:开明出版社

(北京海淀区西三环北路 25 号 邮编 100089)

印 刷:保定市中画美凯印刷有限公司

开 本:710mm×1000mm 1/16

印 张:18.75

字 数:242 千字

版 次:2024 年 5 月第 1 版

印 次:2024 年 5 月第 1 次印刷

定 价:60.00 元

印刷、装订质量问题,出版社负责调换。联系电话:(010) 88817647